D1919918

Andreas Langosch

Ressourcen, Stärken, Möglichkeiten

Praxishandbuch
für ressourcenorientiertes Arbeiten
in Management, Selbstmanagement,
Coaching, Therapie, Beratung
und Sozialer Arbeit

2., überarbeitete und erweiterte Auflage

Enthält 25 Arbeitsbögen
& 2 Auswertungsbögen

Mit CD-ROM

Selbstverlag Andreas Langosch
Kiel 2006

© 2006 Andreas Langosch
Selbstverlag Andreas Langosch, Kiel 2006
ISBN-10: 3-00-018929-7
ISBN-13: 978-3-00-018929-6

Umschlagabbildung: Ressourcen III, 2005, Andreas Langosch

Meinen Eltern und meiner Schwester gewidmet.

Vieles, was mir in meinem Leben nützlich ist,
habe ich sicherlich von Euch.

Inhaltsverzeichnis

1. Einleitung

Ziel dieses Buches – oder: Willkommen auf dem Planet der Ressourcen, Stärken und Möglichkeiten!

Dieses Buch soll keine vorhersagbaren Ergebnisse produzieren, sondern anregen: Zum Experimentieren, zum Erforschen, zum Gespräch. Am besten zum Gespräch mit anderen Personen über Möglichkeiten, Stärken und Ressourcen. Aber auch, wenn es lediglich das innere Selbstgespräch zu diesen Themen fördert, hat es sein Ziel schon erreicht.

Darüber hinaus möchte dieses Buch Sie und Ihre Klienten vertrauter machen mit grundlegenden Ideen und Vorgehensweisen auf dem weiten Gebiet des ressourcenorientierten Arbeitens. Inspiriert wurde es vor allem durch folgende Fachgebiete: Lösungsfokussierte Kurztherapie, Resilienzforschung, Motivierende Gesprächsführung und Case Management. Grundlegende Gedanken zu jedem dieser Gebiete werden in den Kapiteln 2.1 bis 2.4 erläutert. Im Rahmen dieses Buches erfüllen die hier dargestellten Methoden und Fachgebiete vor allem folgende Funktionen:

- ✔ Die **lösungsfokussierte Kurztherapie** und der **lösungsfokussierte Ansatz** zeigen Ihnen einen pragmatischen Weg zu individuellen, funktionierenden Lösungen, mit denen Sie sofort mit dem ressourcenorientierten Arbeiten loslegen können.
- ✔ Die **Resilienzforschung** sagt Ihnen, wonach Sie inhaltlich suchen müssen, wenn Sie selbst bei persönlichen Problemen Hilfe und Unterstützung benötigen oder anderen Menschen beim Finden der passenden Ressourcen helfen möchten.
- ✔ Die **Motivierende Gesprächsführung** und das **Modell der Phasen der Veränderung** machen deutlich, welches Vorgehen bei welchen Motivationslagen sinnvoll, geeignet und erfolgversprechend ist.
- ✔ Das **Case Management** systematisiert den Hilfeablauf und hilft Ihnen dabei, den Blick auf das Umfeld zu erweitern und dadurch weitere Ressourcen zu erschließen.

Das Durcharbeiten der 25 Arbeitsbögen und der beiden Auswertungsbögen ermöglicht Ihnen, sich auf praktische Weise mit typischen Fragestellungen und methodischen Grundelementen der genannten Fachgebiete und ihren Anwendungsmöglichkeiten vertraut zu machen.[1]

Für wen ist dieses Buch geeignet und was kann man damit machen?

Manager in den Bereichen Personal-, Organisations- und Projektentwicklung
- ✔ Koordination von Organisations- und Mitarbeiterzielen
- ✔ Hilfe bei der Projektplanung und Personalentwicklung

Psychotherapeuten, Sozialtherapeuten, Ergotherapeuten
- ✔ Hilfe bei der Therapieplanung
- ✔ Einzel- und Gruppengespräche

- ✔ Hausaufgaben für Klienten zwischen den Sitzungen
- ✔ Hilfe bei der Verlaufsbeobachtung und Evaluation des Therapieprozesses

Sozialpädagogen, Sozialarbeiter, Erzieher, Berater, Coaches, Pflegepersonal
- ✔ Hilfe bei der Förderplanung
- ✔ Einzel- und Gruppengespräche
- ✔ Hilfe bei der Verlaufsbeobachtung und Evaluation des Beratungs-, Coaching- und Hilfeprozesses

Klienten in Beratung, Coaching und Therapie
- ✔ Erweiterung, Vertiefung und Beschleunigung des Beratungs-, Coaching- und Therapieprozesses

Case Manager / Fallmanager
- ✔ Hilfe bei der Förderplanung
- ✔ Erweiterung des eigenen ressourcenorientierten Methodenspektrums
- ✔ Hilfe bei der Verlaufsbeobachtung und Evaluation des Hilfeprozesses

Qualitätsbeauftragte in sozialen Einrichtungen
- ✔ Hilfe und Anregungen zum Qualitätsmanagement

Lehrer und Dozenten
- ✔ Einzel- und Gruppengespräche
- ✔ Einzel-, Gruppen- und Hausaufgaben in sozialwissenschaftlichen Fächern

Studenten
- ✔ Sich vertraut machen mit grundlegenden Ideen und Handlungselementen des ressourcenorientierten Arbeitens

Interessierte Laien
- ✔ Selbsthilfe
- ✔ Freunden und Angehörigen helfen
- ✔ Planung und Weiterentwicklung persönlicher Lebensziele

Selbständiges Erarbeiten oder Arbeit mit Klienten?

Die Kapitel 3 bis 6 und die darin enthaltenen Arbeitsbögen bilden das Kernstück dieses Buches. Sie bauen aufeinander auf und sollten daher beim selbständigen Erarbeiten zum Verstehen der darin enthaltenen Methodik am besten in der vorgegebenen Reihenfolge durchgearbeitet werden.

In der Arbeit mit Klienten sollte bezüglich der Auswahl und Reihenfolge der Arbeitsbögen jedoch eine andere Priorität gesetzt werden: Die Auswahl des jeweiligen Arbeitsbogens sollte sich hierbei nach den Bedürfnissen und Vorstellungen des Klienten bezüglich der anstehenden Veränderungen richten![2]

Während in den Kapiteln 3 und 4 Ressourcen aus der Vergangenheit erforscht werden, geht es in den Kapiteln 5 und 6 um die Entwicklung und Verwirklichung von Perspektiven und Möglichkeiten für die Zukunft.

Steht das Erlernen der methodischen Grundelemente im Vordergrund (und nicht die konkrete Hilfe für einen Klienten), dann können die Module der Kapitel 3 bis 6 auch wie ein

Workshop oder Seminar betrachtet und erarbeitet werden. Pro Modul sollte dabei etwa ein Seminartag eingeplant werden.

Jedes Modul enthält eine kurze Vorstellungsübung zur Einführung in das jeweilige Thema und ergänzende Hinweise zur Erarbeitung der Arbeitsbögen. Jedem Arbeitsbogen ist zudem eine kurze Einweisung vorangestellt, die vor Erarbeitung des Bogens gelesen und dem Klienten zur Verfügung gestellt werden sollte. Insbesondere bei Unklarheiten über Sinn und Zweck des Arbeitsbogens sollte die Einweisung kurz durchgegangen werden.

Die Erarbeitungszeit sollte pro Arbeitsbogen mindestens 20 Minuten betragen, da es erfahrungsgemäß meistens etwas Zeit braucht, um sich in das Thema des jeweiligen Bogens hineinzufinden. Gelegentlich kann es von Nutzen sein, verschiedene Arbeitsbögen miteinander zu kombinieren.

In der Arbeit mit Klienten hat es sich als sinnvoll erwiesen, an die Erarbeitung des Bogens ein mindestens genau so langes Gespräch unmittelbar anzuschließen.

Gesprächsleiter und Klienten finden in Kapitel 7 jeweils einen Auswertungsbogen, der das ressourcenorientierte Arbeiten mit den 25 Arbeitsbögen strukturieren und erleichtern kann. Die Auswertungsbögen sollten am besten unmittelbar nach dem Gespräch ausgefüllt werden.

Alle Arbeits- und Auswertungsbögen, sowie die dazugehörenden Einweisungen befinden sich auch als PDF-Dateien auf der beiliegenden CD-ROM und können ausgedruckt werden. Die CD-ROM finden Sie im hinteren Buchdeckel und nähere Angaben hierzu in Kapitel 10.

Um den Lesefluss zu fördern, wurde auf ausführliche Literaturhinweise im Text weitgehend verzichtet. Stattdessen sind Endnoten eingefügt, die am Ende des Buches nachzulesen sind. Es sei auch auf Kapitel 11 verwiesen, in dem die Literatur und sonstige verwendete Quellen sortiert aufgeführt sind.

Wie Sie sich den Inhalt dieses Buches erarbeiten können

Hierbei gibt es – der Titel dieses Buches lässt es möglicherweise bereits vermuten – verschiedene Möglichkeiten, wie zum Beispiel:

Möglichkeit 1 – Das Buch von vorne bis hinten, sozusagen von A bis Z, durcharbeiten

- ➔ Dies ist wahrscheinlich die beste Methode, um sicherzustellen, dass Ihnen vom Inhalt nichts entgeht.

Möglichkeit 2 – Von einem persönlichen Anliegen ausgehen, an der dazu passenden Stelle ins Buch einsteigen und sich anhand der Querverweise weiterhangeln

- ➔ Dieses Vorgehen könnte man auch als klienten- oder leserzentrierte Methode bezeichnen. Bei dringenden persönlichen Anliegen ist sie sicherlich die geeignetste.

Weitere Möglichkeiten

- ✔ nach den Methoden und Fachgebieten geordnet vorgehen
- ✔ nach Lust und Laune vorgehen
- ✔ Zufallselemente ins Spiel bringen (z.B. den zu bearbeitenden Arbeitsbogen auswürfeln)
- ✔ verschiedene Vorgehensweisen miteinander kombinieren
- ✔ verschiedene eigene Vorgehensweisen entwickeln

Über den Autor und die Entstehung dieses Buches

Falls Sie sich für die Entstehung dieses Buches und seinen Autor interessieren, hier ein paar Informationen dazu:

Ich heiße Andreas Langosch und bin 1968 in Bremen geboren. Beruflich bin ich gelernter Verlagskaufmann, Diplom-Sozialpädagoge (FH) mit staatlicher Anerkennung und Sozialtherapeut für die Arbeit mit chronisch mehrfachbeeinträchtigten abhängigen Menschen.

Während meines Sozialwesen-Studiums an der Fachhochschule Kiel begann ich, mich für die Operationalisierung von Zielen in der Sozialen Arbeit und für Methoden zur Erreichung dieser Ziele zu interessieren, was schließlich 1997 in das Thema meiner Diplomarbeit mündete: „Das Neurolinguistische Programmieren (NLP) in der Drogenberatung mit Alkoholikern – Möglichkeiten, Grenzen und Risiken“[3].

Dieses Interesse an Fragen der Methodik Sozialer Arbeit besteht bis heute und hat sich durch die praktische Arbeit kontinuierlich vertieft. Zur Zeit arbeite ich bei der Evangelischen Stadtmission Kiel gGmbH im Bereich Suchthilfe in einem vollstationären Wohn- und Betreuungsheim für chronisch mehrfachbeeinträchtigte abhängigkeitskranke Menschen. Als Mitarbeiter des Sozialdienstes, Qualitätsbeauftragter und Koordinator dieser Einrichtung bin ich beinahe täglich mit methodischen Fragen und ihrer schriftlichen Darstellung befasst. Im Oktober 2004 habe ich die 2½-jährige berufsbegleitende Sozialtherapeutische Zusatzausbildung „Ressourcenorientierte Arbeit mit mehrfachbeeinträchtigten abhängigen Menschen im regionalen Verbund“ der v. Bodelschwinghschen Anstalten Bethel und des Gesamtverbandes für Suchtkrankenhilfe (GVS) abgeschlossen. Auch hierbei lag einer meiner Schwerpunkte auf methodischen Fragen; so lautete der Titel des von mir im Rahmen dieser Zusatzausbildung durchgeführten und dokumentierten Projekts: „Der Einsatz lösungsfokussierter Skalierungsfragen für die Operationalisierung von Zielen in der Hilfeplanung“.

Die Sozialtherapeutische Zusatzausbildung und meine tägliche Arbeit vertieften unter anderem mein Interesse und meine Kenntnisse bezüglich der Methodik des lösungsfokussierten Ansatzes, der Motivierenden Gesprächsführung und des Case Managements. Aus dem Wunsch, grundlegende Handlungselemente dieser Methoden für mich selbst schriftlich zusammenfassen, entstand schließlich die Idee zu diesem Buch. Die Resilienz (Widerstandsfähigkeit) gesellte sich dann aufgrund meines bereits seit langem bestehenden eher privaten Interesses an diesem Thema dazu. Resilienz und Resilienzforschung hatten mich schon lange fasziniert. Mein Interesse daran war geweckt und vertieft worden durch Bücher wie zum Beispiel „Das wiedergefundene Licht“ von Jacques LUSSEYRAN[4] und „The Survivor Personality“ von Al SIEBERT[5].

Nach der Veröffentlichung der ersten Auflage dieses Buches im Juli 2005 erhielt ich viel positives Feedback und einige konstruktive Kritik. Allen daran Beteiligten auf diesem Wege vielen Dank!

So sehr mich die genannten Methoden (und einige weitere) interessieren, so sehr interessieren mich auch immer die Kritik und wissenschaftliche Untersuchungen dazu. Falls Sie selbst Kritik an diesem Buch und den hier behandelten Methoden haben, schreiben Sie mir ruhig.

Meine e-Mail-Adresse lautet: andreas.langosch@lycos.de

Für Lob und Anerkennung bin ich natürlich genauso offen. Wenn Ihnen also etwas an diesem Buch (besonders) gefällt, schreiben Sie mir ruhig (auch) darüber.

Zum Abschluss der Einleitung nun noch drei Hinweise, die mir besonders am Herzen liegen:

- ✔ **Nicht jedes Problem oder jede Schwierigkeit bedarf einer Lösung. Manchmal kann es besser sein, die Suche nach einer Lösung aufzugeben oder sie erst gar nicht zu beginnen.**
- ✔ **Nicht jedes Problem oder jede Schwierigkeit bedarf einer bewussten Lösung. Manchmal kann es besser sein, eine bewusste Lösung aufzugeben oder für einige Tage aufzuschieben.[6]**
- ✔ **Probleme gibt es immer, darauf ist Verlass!**
  Oder anders gesagt: S#§t happens! It´s nothing personal.

Ich würde mich freuen, wenn Sie diese drei Hinweise bei der Arbeit mit diesem Buch im Hinterkopf behalten könnten. In diesem Sinne: Viel Freude und Erfolg beim Erarbeiten der hier behandelten Themen!

Andreas Langosch Kiel im April 2006

2. Einige grundlegende Gedanken zum ressourcenorientierten Arbeiten

Ressourcenorientierung, Nützlichkeit und Zieldienlichkeit

Unter dem Begriff Ressource sei hier der Einfachheit halber alles verstanden, was jemandem nützt, hilft und Unterstützung bietet oder helfen, nützen und Unterstützung bieten könnte. Es geht bei der Ressourcenorientierung also um Nützlichkeit. Nützlichkeit wiederum impliziert ein Ziel oder mehrere Ziele. (Nützlich wofür? Nützlich in bezug auf was?) Somit meint Ressourcenorientierung oft Zieldienlichkeit, besonders in Kontexten, in denen es um Hilfe-, Förder- oder Therapieplanung geht, in denen Hilfeplan-, Förderplan- oder Therapieziele festgelegt werden müssen. Es geht dabei häufig um Fragen wie zum Beispiel:

- ✔ Was kann im Moment am besten helfen, um das Ziel zu erreichen?
- ✔ Was ist zieldienlich? Was dient dem Ziel?
- ✔ Dient Ihr Verhalten im Moment Ihren Zielen? Wenn ja, wie können Sie mehr davon tun? Wenn nein, was können Sie anders machen?

Wenn Sie mit Klienten über Ressourcen, Ressourcenorientierung, Hilfe und Nützlichkeit sprechen, verwenden Sie lieber Wörter wie „Ziele" und „Zieldienlichkeit". Zieldienlichkeit ist oft nützlicher, hilfreicher, ressourcenorientierter und – man höre und staune – zieldienlicher als Nützlichkeit und Ressourcenorientierung, auch wenn alle diese Begriffe in manchen Kontexten oft fast das gleiche meinen.

Gleichzeitig bedeutet Ressourcenorientierung, erst einmal hier und jetzt mit dem zu beginnen, was bereits da ist. Trotz aller impliziter Zielgerichtetheit ist sie daher auch immer gegenwartsorientiert und erzieht zu einer gewissen Bodenständigkeit.

„Ressourcenorientierung" ist inzwischen zu einem Modebegriff in psychosozialen Arbeitsfeldern geworden. Gerade deshalb verlangen die auf sie gestützten Methoden in ihrer Anwendung eine kritische Einstellung und einen ethisch vertretbaren Rahmen. Dieser Rahmen soll hier in bezug auf die Verwendung dieses Buches kurz skizziert werden.

Üben, üben, üben – aber nicht übertreiben!

Die effiziente Anwendung der in diesem Buch dargestellten Methoden bedarf sowohl eines intensiven Trainings, als auch kritischer (Selbst-) Reflektion. Beides braucht viel Praxis. Es wird daher empfohlen, sich mit Hilfe der angegebenen Literatur intensiv mit den Methoden und ihrem theoretischen Hintergrund zu befassen, das eigene Handeln immer wieder kritisch zu hinterfragen und die Anwendung der Methoden immer wieder intensiv zu trainieren.

Übertreiben Sie es jedoch nicht, denn gemäß dem Pareto-Prinzip[7] gilt für Ihr Interesse an diesem Buch höchstwahrscheinlich, dass sich etwa 80 % des für Sie zur Zeit relevanten Inhalts auf etwa 20 % der Seiten dieses Buches befinden. Beginnen Sie also am besten damit, den Inhalt kurz zu überfliegen und dann die 20 % davon zu lesen, die Sie spontan an meisten interessieren. Sie können auch mit den 5 Arbeitsbögen beginnen, die Ihnen beim ersten Betrachten am besten gefallen und sich dann mit Hilfe der Querverweise weiter durch das Buch arbeiten. Auf diese Weise können Sie Ihr Interesse für den Inhalt dieses Buches äußerst effizient und ressourcenorientiert nutzen.

Bewahren Sie Methodendistanz!

Bei jeder intensiv trainierten und oft und gerne angewandten Methode besteht die Gefahr, dass sich der Praktiker zu sehr in sie „verliebt" und dadurch seine Methodendistanz verliert, was dann leicht zu mechanistischer, unreflektierter und verantwortungsloser Praxis führen kann. Um dieser Gefahr vorzubeugen, sollten bei der Verwendung dieses Buches in der Arbeit mit Klienten folgende Grundsätze berücksichtigt werden:

- ✔ Richten Sie als Gesprächsleiter die Auswahl des Arbeitsbogens und das Gespräch an den Bedürfnissen und Vorstellungen des Klienten bezüglich der anstehenden Veränderungen aus (und nicht an Ihren eigenen Bedürfnissen und Vorstellungen oder den Prämissen der von Ihnen favorisierten Methode, es sei denn, sie entsprechen denen des Klienten)!
- ✔ Sorgen Sie dafür, dass Sie verlässliches Feedback vom Klienten bekommen über seine Einschätzung der Arbeitsbeziehung, der Gesprächsatmosphäre und der Ergebnisse der Arbeit!
- ✔ Lenken Sie Ihre eigene Aufmerksamkeit und die des Klienten immer wieder auf nützliche Veränderungen, die bereits geschehen sind oder noch geschehen könnten!
- ✔ Lenken Sie Ihre Aufmerksamkeit und die des Klienten immer wieder auf die Frage, wie bereits geschehene nützliche Veränderungen für die Zukunft genutzt werden könnten und welche Ressourcen aus der Welt des Klienten (interne und externe Ressourcen) dabei hilfreich sein könnten!

Diese Leitlinien zur Arbeit mit Klienten sind gleichzeitig grundlegende Prämissen dieses Buches. Sie stammen aus Ergebnissen der Psychotherapie-Forschung, die von DUNCAN, HUBBLE und MILLER zusammengefasst wurden und hier für den Zweck dieses Buches etwas modifiziert wiedergegeben sind.[8]

Zur Berücksichtigung der hier genannten vier Punkte können unter anderem die Auswertungsbögen aus Kapitel 7 genutzt werden sowie Arbeitsbogen 25 (Verbesserungen) aus Kapitel 6.4 und Arbeitsbogen 12 (Zufriedenheit, Teil 2) aus Kapitel 5.1. Diese vier Bögen gehören zu den mächtigsten und ressourcevollsten (also zieldienlichsten) dieses Buches. Lassen Sie diese Chancen zum Einbeziehen des Feedbacks des Klienten nicht ungenutzt!

In dieser Weise ressourcenorientiert vorzugehen, kann unter anderem eine von vielen Möglichkeiten sein, Wertschätzung zu zeigen. Ohne Wertschätzung läuft im ressourcenorientierten Arbeiten nichts! Wenn es Ihnen nicht gelingen sollte, Ihre Beratung, Ihr Coaching, Ihre Therapie etc. zu einem Kontext von gegenseitiger Wertschätzung und Aufwertung zu machen, dann gehen Sie mit ihrem Klienten lieber spazieren oder Kaffee trinken – und unterhalten Sie sich über das Wetter, Frauen, Männer, Fußball, Stricken ... – so lange bis Wertschätzung und Aufwertung wieder funktionieren!

Jede Methode hat Grenzen und Risiken

Jede Methode hat ihre Grenzen und Risiken, die häufig erst in der Praxis deutlich werden. Eine Methode kann den Praktiker also niemals von seiner Verantwortung entbinden.[9] Daher sollten Sie sich zur kritischen (Selbst-) Reflektion immer wieder folgende Fragen stellen:

- ✔ Wann könnten die hier dargestellten Methoden eher schaden als nützen?
- ✔ Unter welchen Umständen wären sie eher hinderlich?

- Wann, wo und mit wem sollten Sie sie auf gar keinen Fall anwenden?
- Für welche Bereiche brauchen Sie ganz andere Ideen als die hier dargestellten?
- Wie viel Methodendistanz benötigen Sie, um möglichst effizient und verantwortungsvoll arbeiten zu können?
- Wo würden Sie sich mit den hier dargestellten Methoden festfahren?
- Woran können Sie Situationen erkennen, in denen die hier dargestellten Ideen, Methoden, Fragen und Arbeitsbögen fehl am Platze wären?

Diese Fragen sind lediglich Beispiele. Ergänzen Sie diese Liste daher ruhig durch weitere Fragen, die Sie für eine verantwortungsvolle Praxis sinnvoll finden!

Grundelemente des ressourcenorientierten Arbeitens

Obwohl sich das ressourcenorientierte Arbeiten als feststehender Begriff in psychosozialen Arbeitsfeldern etabliert hat und grundsätzliche Ähnlichkeiten zu ausführlich beschriebenen methodischen Grundelementen bestimmter Methoden aufweist, wie zum Beispiel zum Utilisationsprinzip der ERICKSONschen Hypnotherapie[10], so ist ressourcenorientiertes Arbeiten trotz alledem doch keine eigenständige Methode.

Grundlegende Ideen und Handlungselemente des ressourcenorientierten Arbeitens lassen sich aber anhand bestehender Methoden und Fachgebiete aufzeigen. Die nachfolgend beschriebenen Methoden bzw. Fachgebiete wurden hierfür ausgewählt, weil sie dem Autor vertraut sind und sich in der Praxis als besonders ressourcenorientiert, pragmatisch und transparent bewährt haben. Welche Methode oder welches Fachgebiet dabei zur Darstellung welcher Grundelemente ressourcenorientierten Arbeitens herangezogen wird, ist in der folgenden Auflistung kurz dargestellt:

Lösungsfokussierte Kurztherapie und lösungsfokussierter Ansatz

- Lösungsfokussierung
- Zukunftsorientierung
- Realisierungsorientierung

Resilienz (Forschung zur Widerstandsfähigkeit und Anwendung der Ergebnisse dieser Forschung)

- Fokussierung auf Stärken und Fähigkeiten
- Fokussierung auf bereits bestehende Bewältigungsstrategien

Motivierende Gesprächsführung (Motivational Interviewing) und das Modell der Phasen der Veränderung

- Ausrichtung auf Motivationslagen des Klienten
- Klientenzentrierung

Case Management

- Systematisierung des Ablaufs der Hilfe und Unterstützung
- Einbindung (personen-) externer Ressourcen (Vernetzung)

Ressourcenorientierung ist nicht immer das Mittel der Wahl

Die hier getroffene Auswahl soll dabei keine anderen Methoden abwerten, denn natürlich lassen sich auch andere Methoden ressourcenorientiert verwenden. Darüber hinaus ist Ressourcenorientierung auch nicht immer das Mittel der Wahl, so dass selbstverständlich auch eher an Defiziten orientierte Modelle und Methoden ihren Platz und besonderen Wert im

Methodenspektrum von Management, Selbstmanagement, Coaching, Therapie, Beratung und Sozialer Arbeit haben.

2.1 Lösungsfokussierte Kurztherapie und lösungsfokussierter Ansatz

Lösungsfokussierter Ansatz als Oberbegriff

Die Lösungsfokussierte Kurztherapie ist eng verbunden mit den Namen Steve De SHAZER[11] und Insoo Kim BERG[12], die diese Therapieform mitbegründet haben. Inzwischen werden viele Ideen und Methoden der Lösungsfokussierten Kurztherapie auch in Arbeitsfeldern genutzt, die nicht in den Bereich der Therapie fallen. Da sich die folgenden Ausführungen auf diesen erweiterten Anwendungszusammenhang beziehen, ist hier nachfolgend vom lösungsfokussierten Ansatz die Rede.

Lösungen = Ausnahmen von Beschwerden

Eine der größten Schwierigkeiten beim Verstehen der Grundlagen des lösungsfokussierten Ansatzes liegt darin, dass mit dem Wort „Lösung" hier nicht „Problemlösung" gemeint ist.[13] Lösungen sind im lösungsfokussierten Ansatz vielmehr Ausnahmen von Beschwerden, die der Klient hat. Dies können sowohl bereits real vorhandene Ausnahmen sein, als auch vorstellbare, also hypothetische Ausnahmen. Lösungen in diesem Sinne ergeben sich aus Antworten zu Fragen wie zum Beispiel:

- ✔ Wann tritt die Beschwerde nicht auf?
- ✔ Was genau passiert, wenn die Beschwerde nicht auftritt?
- ✔ Woran würden Sie erkennen, dass die Beschwerde nicht mehr da wäre?

Oft geht es um die Konsequenzen der Erreichung des Zieles

Es geht im lösungsfokussierten Ansatz häufig auch nicht vorrangig um das Ziel selbst, das jemand erreichen möchte, sondern um die Konsequenzen der Erreichung des Zieles. Fragen wie zum Beispiel

- ✔ Wenn Sie Ihr Ziel erreicht haben, was werden Sie dann tun können, das Sie vorher nicht tun konnten?
- ✔ Was wird dann noch anders sein?

sind daher weitere zentrale Fragen des lösungsfokussierten Ansatzes.

Der lösungsfokussierte Ansatz ist Einstellungssache

Ressourcenorientiertes Arbeiten im Sinne des lösungsfokussierten Ansatzes lässt sich auch als innere Einstellung beschreiben: Sich mehr für Ausnahmen von der Beschwerde interessieren als für die Beschwerde selbst; sich mehr für die Konsequenzen der Erreichung des Zieles interessieren als für das Ziel selbst.

Wenn Sie es genau wissen wollen: Solution-Talk!

Es wird im lösungsfokussierten Ansatz davon ausgegangen, dass es äußerst hilfreich sein kann, ganz genau herausfinden, was genau sich in all den Zeiten ereignet, in denen die Beschwerde nicht da oder weniger schwerwiegend ist. Die in diesen Ausnahmezeiten verborgenen Ressourcen und Fähigkeiten gilt es dann zu fördern, so dass nach und nach für die Beschwerde immer weniger Zeit bleibt. Fokussiert wird dabei vor allem auf das konkrete Tun in allen Einzelheiten und auf die Interaktion mit anderen Personen:

- ✔ Was genau tun Sie selbst ganz konkret, wenn die Beschwerde nicht auftritt, oder zumindest weniger schwerwiegend ist?
- ✔ Wer wird was genau und konkret tun, wann, wo, wie, mit wem, in welchem Zusammenhang und mit welchen Folgen?
- ✔ Wie würde die Ihnen nahe stehende Person „X" darauf reagieren, wenn Ihre Beschwerde morgen quasi über Nacht plötzlich verschwunden wäre? Ohne dass Sie es ihr sagen: Woran würde diese Person erkennen, dass die Beschwerde nicht mehr auftritt? [14]

Der Klient wird dazu ermuntert und ermutigt, so viel wie möglich sehr detailliert über Ausnahmezeiten und deren genaue Umstände zu sprechen. Dies nennt sich Solution-Talk[15]: Der Klient spricht über Ausnahmen von der Beschwerde. Dies soll ihm ermöglichen und ihn dabei unterstützen, diese Ausnahmen zu entdecken, zu erforschen und zu fördern. Das Motto dabei lautet: Je mehr der Klient über Ausnahmen von der Beschwerde spricht, desto mehr Ausnahmen wird er bekommen. Es geht also vor allem um eine starke Fokussierung der Aufmerksamkeit auf das erwünschte Erleben.

Im Gegensatz zum sogenannten Positiven Denken[16] bleibt der lösungsfokussierte Ansatz dabei stets handlungs-, realitäts- und realisierungsorientiert, was unter anderem in folgenden typisch lösungsfokussierten Fragenkomplexen zum Ausdruck kommt:

- ✔ Was genau wäre ein erster kleiner Schritt, den Sie hier und heute mit den Ihnen jetzt bereits zur Verfügung stehenden Mitteln tun könnten, um sich auf den Weg zu Ihrem Ziel zu machen? Inwiefern wäre dieser erste kleine Schritt hilfreich? Ist das etwas, das Sie wirklich tun könnten? Wenn ja, was lässt Sie das meinen?
- ✔ Was passiert zur Zeit in Ihrem Leben, das Ihnen sagt, dass Sie Ihr Ziel erreichen können? Woher wissen Sie, dass Ihr Ziel realisierbar ist?

In psychoanalytisch orientierten Kontexten bezeichnet man dies als Realitätsprüfung. **Merke: Veränderung ist eine Fußgängerin, die am besten Schritt für Schritt auf dem Boden der Tatsachen vorankommt!** In diesem Sinne können die o.g. Realitätsprüfungsfragen allen Beteiligten dabei helfen, trotz aller Veränderungswünsche und Zielstrebigkeit „auf dem Teppich" zu bleiben.

Skalierungsfragen

Sowohl der Realitätsprüfung, als auch vielen anderen Zwecken, kann die im lösungsfokussierten Ansatz häufig verwendete Skalierung dienen.[17] Eine dabei angewandte Skala könnte zum Beispiel so aussehen:

0	1	2	3	4	5	6	7	8	9	10

... oder so:

0 %	50 %	100 %

... oder so:

schlecht	mittelmäßig	gut

Skaliert werden kann dabei alles, was die Gesprächspartner quantifizieren oder dessen Ausprägungsgrad sie differenzieren wollen, wie zum Beispiel:

- ✔ die Wahrscheinlichkeit der Zielerreichung
- ✔ die Wichtigkeit einer Veränderung
- ✔ den Grad der Zielerreichung
- ✔ die Lust, etwas zur Erreichung des Zieles zu tun
- ✔ die Neugier auf die Folgen der Veränderung
- ✔ die momentane eigene Stimmung oder Befindlichkeit
- ✔ ... und ... und ... und ...

Beispiele zur Anwendung von Skalen und Skalierungsfragen finden Sie in den Arbeitsbögen 14 (Lebensbereiche), 15 (Widerstandsfähigkeit, Teil 2), 17 (Wichtigkeit), 18 (Zuversicht) und 19 (Bereitschaft).

Die Wunderfrage

Neben den Skalierungsfragen gehört auch die sogenannte Wunderfrage zu den „Klassikern“ unter den lösungsfokussierten Methoden. In vier ihrer kürzesten Formen kann sie zum Beispiel folgendermaßen lauten: [18]

- ✔ Angenommen, in der heutigen Nacht würde ein Wunder geschehen, und das Problem, das Sie hierher (in die Beratung, in die Therapie, ins Coaching etc.) geführt hat, wäre gelöst: Was würden Sie danach anders machen?
- ✔ Angenommen, Sie wachen morgen auf, und Ihr Problem ist verschwunden: Was würden Sie dann anders machen als heute oder gestern?
- ✔ Wenn Sie so tun würden, als ob Ihr Problem verschwunden wäre: Was genau würden Sie dann tun?
- ✔ Wie wäre es, wenn es anders wäre? (Dies ist die Ultrakurzversion!)

Die Wunderfrage dient dazu, hypothetische Lösungen (also hypothetische Ausnahmen von der Beschwerde) zu konstruieren. Sie bedient sich dabei der Fokussierung auf die positiven Konsequenzen der Erreichung des Zieles. Häufig stellt man dann fest, dass sich viele dieser positiven Konsequenzen bereits hier und jetzt verwirklichen lassen, ohne dass es vorher unbedingt nötig ist, das Ziel zu erreichen. Manchmal hilft die Verwirklichung einiger der Konsequenzen auch dabei, das Ziel zu erreichen oder ihm wenigstens etwas näher zu kommen. Ein Beispiel für eine Anwendung der Wunderfrage finden Sie in Arbeitsbogen 15 (Widerstandsfähigkeit, Teil 2).

Bewältigungsstrategien mittels Coping-Fragen erforschen

Bewältigungsstrategien genau zu erforschen und deren Bestandteile herauszufinden und zu fördern, ist eine weitere Spezialität des lösungsfokussierten Ansatzes. Hierzu gehören sogenannte Coping-Fragen wie zum Beispiel:

- ✔ Wie haben Sie es geschafft, diese schwierige Situation so lange auszuhalten, ohne vollkommen zu verzweifeln?
- ✔ Wie schaffen Sie es, angesichts der Schwere der Situation, tagtäglich über die Runden zu kommen?

(Zu dieser Art von Fragen siehe auch Kapitel 4.)

Auch hier wird deutlich, dass ressourcenorientiertes Arbeiten im Sinne des lösungsfokussierten Ansatzes auch eine Frage der Einstellung ist: **Keine Ressource, keine Fähigkeit, keine Stärke ist eine Selbstverständlichkeit, sondern alle diese Dinge sind es wert, ausgiebig explizit gewürdigt, erforscht und gefördert zu werden!** Um genau diese Einstellung geht es auch in Kapitel 2.2.

Burnout-Prophylaxe

Der Anwender des lösungsfokussierten Ansatzes lässt sich von den Stärken der Klienten ermutigen, von ihrer Hoffnung motivieren und von ihrem Mut inspirieren. Besonders in schwierigen sozialen Arbeitsfeldern bietet der lösungsfokussierte Ansatz daher eine ausgezeichnete Burnout-Prophylaxe.

Weitere Grundannahmen und Prinzipien

Einige weitere zentrale Grundannahmen und Prinzipien des lösungsfokussierten Ansatzes sind: [19]

- ✔ Wenn etwas nicht kaputt ist, repariere es nicht!
- ✔ Tue mehr von dem, was funktioniert!
- ✔ Wenn etwas nicht funktioniert, tue stattdessen etwas anderes!
- ✔ Der Klient ist nicht das Problem. Das Problem ist das Problem.
- ✔ Kleine Veränderungen können große Unterschiede machen.

Bei der Anwendung dieser Prinzipien geht es im lösungsfokussierten Ansatz nicht um die Herstellung eines Allheilmittels, das immer, überall und für jeden passen soll. Gesucht wird auch nicht nach der großen Idee, Theorie oder Strategie, die alles erklärt und löst. Es geht vielmehr darum, mit frischem Mut immer wieder eine neue, kleine, individuelle Lösung zu kreieren, die hier und heute in einer ganz speziellen Situation für eine ganz bestimmte Person funktioniert. Dies erfordert und fördert den sogenannten Anfängergeist, der alles so betrachtet, als würde er ihm zum allerersten Mal begegnen.[20]

Zwei der o.g. Prinzipien sind dabei so zentral, dass Sie sich die beiden am besten gleich richtig gut einprägen sollten. Daher jetzt noch einmal g-a-n-z l-a-n-g-s-a-m zum Mitschreiben:

- ✔ **Tue mehr von dem, was funktioniert!**
- ✔ **Wenn etwas nicht funktioniert, tue stattdessen etwas anderes!**

Beide Sätze implizieren nun noch einen dritten, und zwar: **Plane und kontrolliere den Transfer der Lösungen in den Alltag!** Wann, wo und wie auch immer Sie Lösungen finden – zu Hause an Ihrem Schreibtisch, im „therapeutischen Raum", im „open place" oder „open space" eines dialogischen Gruppen-Events, beim energetischen oder therapeutischen Nacktbaden in den heißen Quellen Islands, beim Improvisationstheater-Workshop in Südfrankreich, beim Grübeln im stillen Kämmerlein, beim „transformatorischen" Feuerlauf („Yeah! Tschaka!!!"), beim Klönschnack mit Ihrer Nachbarin oder dem Postboten ... – ohne Transfer in den Alltag werden Sie nicht sehr lange Freude an Ihren Lösungen haben, außer vielleicht als Erinnerungen an schönere Zeiten. „Damals eben ..."

Oder wie der Dichter Erich KÄSTNER schrieb:
„Es gibt nichts Gutes, außer: Man tut es.“

Scheuen Sie sich auch nicht davor, beim Alltags-Transfer Ihrer Lösungen sehr redundant zu sein. Manches prägt sich halt umso besser ein, je öfter man es wiederholt. In diesem Sinne hier nun also (in Anlehnung an die Hauptsätze der Thermodynamik)

die „drei Hauptsätze der lösungsfokussierten Ressourcendynamik“:

1. **Tue mehr von dem, was funktioniert!**
2. **Wenn etwas nicht funktioniert, tue stattdessen etwas anderes!**
3. **Plane und kontrolliere den Transfer der Lösungen in den Alltag!**

Mit diesen drei Grundprinzipien können Sie bereits sehr kreativ und vielfältig lösungsfokussiert und ressourcenorientiert arbeiten. Mehr brauchen Sie für ressourcenorientiertes Arbeiten eigentlich gar nicht. Dies soll Sie aber nicht daran hindern, trotzdem weiterzulesen.

Man könnte die Anwendung dieser drei Prinzipien auch als systematisches und kontrolliertes Lernen durch Versuch und Irrtum bezeichnen. Konsequent und ausdauernd angewendet, ist diese Art des Vorgehens in vielen Fällen äußerst effizient. Ein Beispiel zu seiner Anwendung finden Sie in Arbeitsbogen 25 (Verbesserungen). **Tipp: Häufig ist es sehr viel einfacher, erst einmal mehr von dem zu tun, was funktioniert, als das zu ändern, was nicht funktioniert! Daher sollte der Schwerpunkt immer auf dem ersten dieser drei Prinzipien liegen.**

Die natürliche Auslese funktioniert übrigens ganz ähnlich. Wenn etwas funktioniert, dann macht die Natur mehr davon. Funktioniert etwas nicht, dann macht die Natur etwas anderes. Dieses Entwicklungsmuster hat sich über viele Millionen Jahre bewährt. Zwei seiner Ergebnisse sind z.B. Sie selbst und Ihre Fähigkeit jetzt gerade diese Zeilen zu lesen.

Sich von Zeit zu Zeit von Lösungen lösen

Der lösungsfokussierte Ansatz zeigt Ihnen einen pragmatischen Weg zu individuellen, funktionierenden Lösungen, mit denen Sie sofort loslegen können. Übertreiben Sie es aber nicht! Manchmal möchten Klienten einfach nur klagen oder Probleme wälzen. Gönnen Sie sich und Ihren Klienten ruhig von Zeit zu Zeit einen kleinen Urlaub von Lösungen, Ausnahmen und Zielen! Manchmal ist es hilfreicher, sich von Lösungen zu lösen. Betrachten Sie es doch einfach einmal so:

- ✔ Wenn Sie mit dem lösungsfokussierten Ansatz gut vorankommen, tun Sie mehr davon!
- ✔ Wenn Sie mit dem lösungsfokussierten Ansatz nicht vorankommen, tun Sie stattdessen etwas anderes!

Falls Ihnen das beides gelingt: Gratulation! Sie haben damit nicht nur zwei zentrale Grundannahmen des lösungsfokussierten Ansatzes verstanden und können sie anwenden, sondern Sie besitzen dazu noch die Fähigkeit, nicht zwanghaft lösungsfokussiert zu handeln! Dies nennt man Methodendistanz. Diese wiederum dürfte wohl eine der wichtigsten Fähigkeiten bei der Anwendung des lösungsfokussierten Ansatzes sein. Klingt paradox, meinen Sie? Macht nichts, ist so!

Übungsaufgaben zur Wiederholung und Vertiefung:
1. Nennen Sie die drei Hauptsätze der lösungsfokussierten Ressourcendynamik!
2. Was ist im lösungsfokussierten Ansatz mit dem Begriff „Lösungen" gemeint?
3. An welches Zitat des Dichters Erich KÄSTNER erinnert der dritte Hauptsatz der lösungsfokussierten Ressourcendynamik?
4. Zu welcher Art von Gespräch soll der Klient im lösungsfokussierten Ansatz ermuntert und ermutigt werden?

(Die Lösungen zu den Übungsaufgaben finden Sie in Kapitel 9.)

Arbeitsbögen mit starkem Bezug zum lösungsfokussierten Ansatz sind:
Arbeitsbogen 1: Bewahrenswertes
Arbeitsbogen 2: Zufriedenheit
Arbeitsbogen 3: Schöne Situationen
Arbeitsbogen 4: Freudige Erlebnisse
Arbeitsbogen 5: Liebevolle Erlebnisse
Arbeitsbogen 7: Schwierige Situationen
Arbeitsbogen 8: Trauer
Arbeitsbogen 9: Angst
Arbeitsbogen 10: Ärger
Arbeitsbogen 11: Scham und Schuld
Arbeitsbogen 12: Zufriedenheit, Teil 2
Arbeitsbogen 13: Zehnjahresplan
Arbeitsbogen 14: Lebensbereiche
Arbeitsbogen 15: Widerstandsfähigkeit, Teil 2
Arbeitsbogen 20: Ziel-Spiel
Arbeitsbogen 25: Verbesserungen

Weiterführende Literatur:
De JONG, Peter / BERG, Insoo Kim: *Lösungen (er-)finden* – Das Werkstattbuch der lösungsorientierten Kurztherapie, 5., verbesserte und erweiterte Auflage, Dortmund 2003.

2.2 Resilienz: Widerstandsfähigkeit

Begriffsbestimmung
Wenn hier in diesem Buch von Resilienz als Methode die Rede ist, dann ist damit immer die Anwendung der Ergebnisse der Resilienzforschung gemeint.

Im psychosozialen Bereich bezeichnet Resilienz die Fähigkeit, Lebenskrisen und Lebensrisiken ohne anhaltende Beeinträchtigungen durchzustehen und zu bewältigen. Dazu gehören zum Beispiel der Verlust von nahestehenden Menschen, lange Arbeitslosigkeit, schwere Krankheiten und die Folgen schwerer Unfälle, aber auch Risikofaktoren wie z.B. Armut, Drogenkonsum und Gewalt. Auch die erfolgreiche Überwindung von traumatischen Erlebnissen ist ein Zeichen von Resilienz. Resilienz lässt sich also mit Zähigkeit oder Widerstandsfähigkeit übersetzen.[21]

Umwelt-Faktoren, die Resilienz fördern

Zahlreiche Studien verweisen auf bestimmte Umwelt-Faktoren, die Resilienz fördern, wie zum Beispiel: [22]

- ✔ mindestens eine stabile Bezugsperson, die Hilfe und Unterstützung bereitstellt und menschliche Wärme, Nähe und Fürsorge vermittelt
- ✔ hohe Erwartungen, Hoffnungen, Zuversicht und Zutrauen verbunden mit einem angemessenen Leistungsstandard
- ✔ Möglichkeiten zu einer bedeutungsvollen und sinnvollen Teilhabe am Leben der Gemeinschaft
- ✔ prosoziale Rollenmodelle, Normen und Werte
- ✔ klare, transparente, verstehbare und beständige Grenzen, Regeln und Strukturen
- ✔ Möglichkeiten zum Erwerb und zur Vermittlung von Alltagsfähigkeiten und Sozialkompetenz
- ✔ positive Beziehungen zu Freunden und Gleichgesinnten

Resilienz besteht also immer aus mehreren Faktoren. Viele Studien zeigen, dass der wichtigste Faktor dabei in unterstützenden Beziehungen zu nahestehenden Bezugspersonen besteht. Hierbei kann es sich sowohl um Familienmitglieder als auch um Menschen außerhalb der eigenen Familie handeln. Beziehungen, die Liebe, Vertrauen, Vorbilder für soziale Rollen, Ermutigung, Akzeptanz und Sicherheit beinhalten, stärken die Resilienz.

Intrapersonale Resilienz-Faktoren

Darüber hinaus wird Resilienz natürlich auch durch Faktoren innerhalb der Person gefördert, wie zum Beispiel durch:[23]

- ✔ die Fähigkeit, realistische Pläne zu machen und Schritt für Schritt zu verwirklichen
- ✔ ein positives Selbstbild, Vertrauen in die eigenen Stärken und Fähigkeiten sowie hohe Selbstwirksamkeitsüberzeugungen
- ✔ gute Fertigkeiten in den Bereichen Kommunikation, Problemlösung und Lernen
- ✔ die Fähigkeit, mit starken Gefühlen und Impulsen klar zu kommen, sowie Aktivität und Flexibilität bei der Bewältigung von Schwierigkeiten zu zeigen

Alle diese hier genannten personenbezogenen Resilienz-Faktoren sind trainierbar. „Kann man üben!" lautet also das Motto. Dieses Buch bietet insbesondere durch die Arbeitsbögen zahlreiche Möglichkeiten, das Training dieser Faktoren zu planen und zu dokumentieren.

Ressourcen- und lösungsfokussierte Anwendung

Die Anwendung der Ergebnisse der Resilienzforschung auf der individuellen Ebene erfolgt meist ressourcen- und lösungsfokussiert. Dabei geht es hauptsächlich um die Beantwortung von Fragen wie zum Beispiel:[24]

- ✔ Wie haben Sie es geschafft, in Ihrem Leben klar zu kommen?
- ✔ Welche waren bisher die größten Herausforderungen in Ihrem Leben, die Sie erfolgreich bewältigt haben? Wie haben Sie das geschafft? Welche Fähigkeiten und Fertigkeiten haben Sie dazu genutzt? Welche Ihrer persönlichen Eigenschaften haben Ihnen dabei geholfen?

- ✔ Was nutzen Sie jeden Tag, um mit typischen Schwierigkeiten des Alltags fertig zu werden?
- ✔ Welche Ihrer persönlichen Beziehungen zu anderen Menschen vermitteln Ihnen am meisten Akzeptanz, Ermutigung und Unterstützung?
- ✔ An wen haben Sie sich in Krisenzeiten am liebsten gewandt, um Hilfe und Unterstützung zu bekommen?
- ✔ Was haben Sie in schwierigen Zeiten über sich selbst und Ihre Beziehungen zu anderen Menschen gelernt?
- ✔ Haben Sie schon einmal anderen Menschen geholfen, die in Schwierigkeiten waren? Wenn ja, inwiefern waren oder sind die dabei gesammelten Erfahrungen auch für Sie selbst hilfreich und nützlich?
- ✔ Was war in schwierigen Zeiten bereits nützlich, um mit mehr Hoffnung in die Zukunft zu blicken?

Die bei der Beantwortung dieser Fragen zutage geförderten Stärken und Ressourcen können genutzt werden, um anstehende Herausforderungen zu bestehen. In der Arbeit mit Klienten kann dies zum Beispiel durch folgenden Drei-Schritte-Prozess geschehen: [25]

1. Beispiele für Situationen und Erlebnisse finden, in denen der Klient seine Resilienz in der Vergangenheit bereits gezeigt und genutzt hat, und ihn ermuntern und ermutigen, darüber zu erzählen.
2. Dem Klienten unter anderem mittels der durch Schritt Nr. 1 gesammelten Beispiele vermitteln, dass er bereits Widerstandsfähigkeit besitzt und diese auch bereits nutzt.
3. Den Klienten dabei unterstützen, seine Resilienz-Fähigkeiten bewusst zur Bewältigung derzeitig anstehender Herausforderungen und Schwierigkeiten einzusetzen.

Dieses Vorgehen kann auch dabei helfen, Risikofaktoren zu verringern. Hierum geht es unter anderem auch in Kapitel 2.3.

Widerstand würdigen

Die Resilienzforschung sagt Ihnen, wonach Sie inhaltlich suchen müssen, wenn Sie selbst bei persönlichen Problemen Hilfe und Unterstützung benötigen, oder anderen Menschen beim Finden der passenden Ressourcen helfen möchten. Merke jedoch: Auch der Widerstand gegen Wünsche und Erwartungen des Beraters, Coaches oder Therapeuten kann unter Umständen eine Fähigkeit sein, die es zu würdigen gilt!

Übungsaufgaben zur Wiederholung und Vertiefung:

1. Was bezeichnet der Begriff „Resilienz“ im psychosozialen Bereich?
2. Nennen Sie die im Text genannten Umwelt-Faktoren, die Resilienz fördern!
3. Nennen Sie die im Text genannten personenbezogenen Resilienz-Faktoren!
4. Beschreiben Sie die einzelnen Schritte des Drei-Schritte-Prozesses, mit dem sich auf Resilienz bezogene Stärken und Ressourcen im Gespräch mit einem Klienten fördern lassen!

(Die Lösungen zu den Übungsaufgaben finden Sie in Kapitel 9.)

Arbeitsbögen mit starkem Bezug zur Resilienz sind:

Arbeitsbogen 1: Bewahrenswertes
Arbeitsbogen 2: Zufriedenheit
Arbeitsbogen 3: Schöne Situationen

Arbeitsbogen 4: Freudige Erlebnisse
Arbeitsbogen 5: Liebevolle Erlebnisse
Arbeitsbogen 6: Widerstandsfähigkeit, Teil 1
Arbeitsbogen 7: Schwierige Situationen
Arbeitsbogen 8: Trauer
Arbeitsbogen 9: Angst
Arbeitsbogen 10: Ärger
Arbeitsbogen 11: Scham und Schuld
Arbeitsbogen 15: Widerstandsfähigkeit, Teil 2

Weiterführende Literatur:

WUSTMANN, Corina: *Resilienz* – Widerstandsfähigkeit von Kindern in Tageseinrichtungen fördern, Weinheim und Basel 2004.

2.3 Motivierende Gesprächsführung (Motivational Interviewing) und das Modell der Phasen der Veränderung

Auswahl von Verhaltensmöglichkeiten

Die Motivierende Gesprächsführung geht auf William R. MILLER und Stephen ROLLNICK zurück, die diese Methode entwickelt haben.[26] Sie beschäftigt sich mit unterschiedlichen Motivationslagen bei der Auswahl von Verhaltensmöglichkeiten. Dies kann sich grundsätzlich auf jedes Verhalten beziehen.

Der Anschaulichkeit halber wird dies hier am Beispiel eines starken Zigarettenrauchers erläutert. Die Verhaltensmöglichkeiten, die hier betrachtet werden, sind:

- ✔ Möglichkeit 1: Den Status Quo beibehalten, also weiterhin wie bisher rauchen
- ✔ Möglichkeit 2: Den Zigarettenkonsum beenden, also Nichtraucher werden

Die Entscheidungswaage

Von großer Bedeutung ist hierbei in der Motivierenden Gesprächsführung die genaue Betrachtung der Entscheidungswaage und ihrer einzelnen Komponenten:[27]

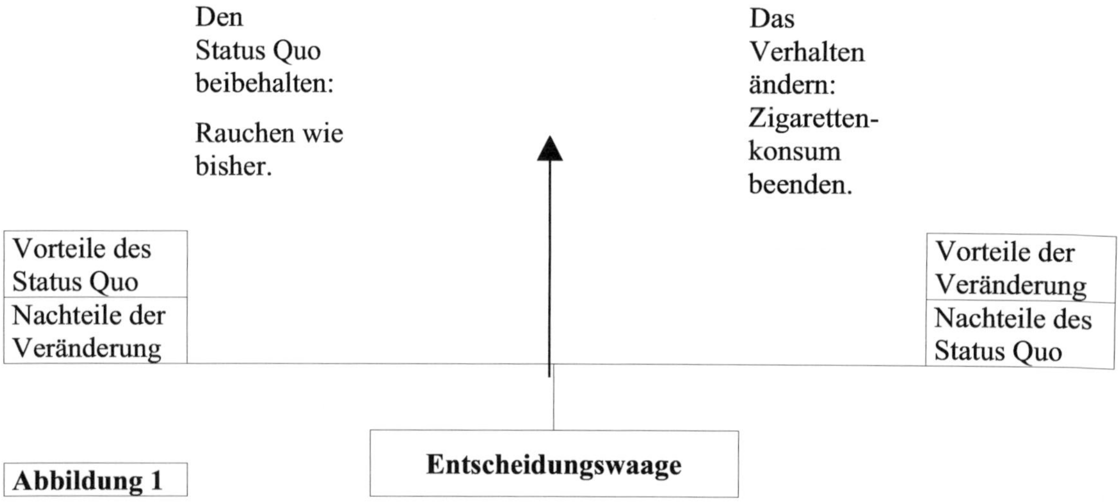

Abbildung 1

Vgl. MILLER / ROLLNICK 2004, S. 34

In der linken Waagschale liegen bei diesem Beispiel die Vorteile des Rauchens und die Nachteile des Nichtrauchens. In der rechten Waagschale liegen die Vorteile des Nichtrauchens und die Nachteile des Rauchens.

Je nachdem welche Waagschale schwerer wiegt, schlägt nun der Zeiger der Waage, der die Motivationsrichtung anzeigt, entweder in Richtung Rauchen oder in Richtung Nichtrauchen aus.

Die Phasen der Veränderung

Der Zeiger der Waage steht dabei selten ruhig, sondern ist fast immer in Bewegung. Eine mögliche Bewegung des Motivationszeigers der Entscheidungswaage könnte z.B. ein sehr weiter Schwenk von der ganz linken Seite zur ganz rechten Seite sein, also vom extremen Kettenrauchen zum absoluten Nichtrauchen.

Dieser Schwenk lässt sich mit Hilfe des Modells der Phasen der Veränderung von PROCHASKA und DiCLEMENTE darstellen, das in der Motivierenden Gesprächsführung eine wichtige Rolle spielt.[28] Es unterteilt den Veränderungsprozess in folgende sechs Phasen:

1. Absichtslosigkeit (Precontemplation)
2. Absichtsbildung (Contemplation)
3. Vorbereitung (Preparation)
4. Handlung (Action)
5. Aufrechterhaltung (Maintenance)
6. Beendigung (Termination)

Phase 1 – Absichtslosigkeit (Precontemplation)

In dieser Phase besteht der Status Quo oder das Problemverhalten unverändert. Eine Veränderung ist auch nicht beabsichtigt. Der Zeiger der Entscheidungswaage zeigt einen deutlichen Ausschlag in Richtung des Status Quo. Die Motivationslage des Klienten ist gekennzeichnet durch:

- ✔ Nichtwahrnehmung des Problems

- ✔ Rationalisierung als Abwehr gegen Veränderung
- ✔ Resignation
- ✔ Auflehnung
- ✔ Widerstand

Mögliche Strategien in Richtung einer Veränderung können in dieser Phase sein:

- ✔ Wahrnehmung von für die Veränderung förderlichen Umweltbedingungen
- ✔ eine Steigerung des Problembewusstseins

Dies kann geschehen, indem

- ✔ Zweifel am momentanen Verhalten geweckt werden und
- ✔ die Wahrnehmung von Risiken und Gefahren des Problemverhaltens erhöht wird.

Klienten, die sich in dieser Phase befinden sind häufig sogenannte unfreiwillige Klienten. Ihr Lieblingssatz in bezug auf ihre problematischen Verhaltensweisen ist: „Ich habe kein Problem!" Wechseln wir zur Verdeutlichung kurz das Beispiel und wählen statt eines Kettenrauchers einen Alkoholiker! Dieser könnte sich zur Beratung oder Therapie genötigt fühlen, zum Beispiel[29]

- ✔ durch einen Arbeitgeber, der den Alkoholkonsum des Klienten während der Arbeit nicht (mehr) duldet,
- ✔ von einer Ehefrau, die mit Scheidung droht, „wenn die Sauferei nicht aufhört",
- ✔ durch ein Gericht, das eine Entwöhnungstherapie zur Bewährungsauflage gemacht hat oder
- ✔ durch alle drei der hier genannten oder noch mehr oder andere Faktoren gleichzeitig.

Wird der Kettenraucher aus unserem eingangs erwähnten Beispiel zur Beratung geschickt, dann wird er wohl in der Regel weniger Sanktionen zu befürchten haben als ein Alkoholiker. Sein Gefühl, von anderen Menschen zur Veränderung genötigt zu werden, wird jedoch ähnlich sein, sofern er sich in der Phase der Absichtslosigkeit befindet.

In vielen Arbeitsfeldern werden Sie (fast) ausschließlich sogenannten unfreiwilligen Klienten begegnen. Man kann ihn sich jedenfalls nur schwer vorstellen, den Klienten, der freudestrahlend jubelt: „Oh, ja, prima! Jetzt ziehe ich in ein betreutes Wohnheim! Da wollte ich ja schon immer hin!" oder „Mensch, klasse! Heute Nachmittag habe ich noch nichts vor. Da begebe ich mich doch einfach mal in Therapie!" **Merke: Freiwillige Klienten sind in vielen Arbeitsfeldern ein Mythos, zumindest was ihr subjektives Erleben angeht. Klienten fühlen sich in der Regel durch innere oder äußere Umstände bzw. inneren oder äußeren Druck zur Annahme der Hilfe gedrängt, wenn nicht sogar gezwungen.** Dies ist Teil des Wesens des Klienten-Status.[30] (Daher z.B. in bezug auf den o.g. Druck auch die metaphorische Frage des Helfers an den Klienten: „Wo drückt denn der Schuh?") Etwas überspitzt gesagt, lautet die dazugehörige Formel: Klient-Sein und Freiwilligkeit schließen sich gegenseitig aus. Auf die Frage des Arztes oder Psychotherapeuten „Was führt Sie zu mir?" antwortet ja schließlich wohl auch kaum jemand: „Ich mich selbst! Ich komme aus freien Stücken zu Ihnen. Nichts und niemand drängt mich dazu."

Jemand, der einem Menschen in Phase 1 bei der Veränderung helfen möchte, befindet sich hier häufig in der Rolle eines Elternteils, der seinem Kind zu mehr Freiheit, Selbständigkeit, Selbstverantwortung und Verantwortung für andere verhelfen will. Das Kind ist jedoch (noch) widerspenstig und hat Angst davor, unabhängiger zu werden. Der Klient benötigt in dieser Phase viel Struktur und Hilfe vom Gesprächsleiter, um sich mit seinen Abwehrstrategien auseinanderzusetzen.[31]

Falls Sie in einem Arbeitsbereich tätig sind, in dem Sie überwiegend Klienten in der Phase der Absichtslosigkeit, d.h. häufig sogenannten unfreiwilligen Klienten begegnen, sorgen Sie am besten frühzeitig für eine ausgezeichnete eigene Psychohygiene! Sie werden viel Leid und Elend zu sehen, zu hören, und zu riechen bekommen. Wichtig dabei für Sie selbst ist: Lassen Sie Ihrem Klienten seine Absichtslosigkeit, wenn er sie partout nicht hergeben will! Es ist sein gutes Recht, absichtslos zu sein, und es ist das gute Recht seines Arbeitgebers, seiner Ehefrau oder des Gerichts, Konsequenzen daraus zu ziehen.

Daher also Achtung: Klienten in der Phase der Absichtslosigkeit sind oftmals gar nicht absichtslos, sondern sie haben häufig nur andere Absichten als ihr soziales Umfeld! Dem Helfer bleiben einem solchen Klienten gegenüber deshalb oft nur die Aufgaben,

- **sich selbst und andere so gut es geht zu schützen,**
- **die Gegenwart des Klienten irgendwie auszuhalten und**
- **den durch den Klienten verursachten Schaden zu begrenzen!**

Besonders Sozialpädagogen und Sozialarbeiter sollten sich in diesem Zusammenhang stets der Tatsache bewusst sein, dass sie **immer** eine helfende und eine kontrollierende Berufsrolle auszufüllen haben, dass sie in der Ausübung ihres Berufes also immer gleichzeitig Helfer und Kontrolleur sind. **Seien Sie sich deshalb klar darüber, dass der Klient Sie und Ihre Hilfe eventuell als Bedrohung erlebt!**

Manchmal können Sie allerdings auch mit solchen Klienten ins Geschäft kommen, und zwar indem Sie deren Absichten und Motive mit den Absichten und Motiven des sozialen Umfeldes verknüpfen. Dies kann z.B. durch folgende Art von Fragen geschehen:[32]

- Was müssten wir hier in der Beratung zusammen erreichen, damit Ihr Arbeitgeber Sie nicht entlässt?
- Was müssten Sie tun, damit Ihre Frau sich nicht von Ihnen scheiden lässt?
- Was müsste passieren, damit das Gericht, das Ihnen die Entwöhnungstherapie zur Bewährungsauflage gemacht hat, zufrieden ist und Sie in Ruhe lässt?
- Was denken Sie, unter welchen Umständen müssten Sie nicht mehr hierher zur Therapie kommen? Was müssten Sie ändern, damit Sie nicht mehr hierher kommen müssen?

Geht der Klient darauf ein, dann kann aus Absichtslosigkeit gegenüber der Veränderung zumindest schon einmal Ambivalenz werden. Dadurch würde der Klient von der Phase der Absichtslosigkeit in die Phase der Absichtsbildung bzw. Nachdenklichkeit (Contemplation, siehe Phase 2) gelangen.

Hieran wird auch folgendes deutlich: **Motivation spielt sich zwischen den Verhandlungspartnern ab! Sie wird in der Motivierenden Gesprächsführung nicht als Eigenschaft oder Zustand einer einzelnen Person gesehen, sondern als interpersoneller, interaktiver Prozess. Merke daher: Motivation liegt nicht in der Person, sondern in der Interaktion!**

Phase 2 – Absichtsbildung (Contemplation)

Diese Phase wird auch als Phase der Nachdenklichkeit beschrieben. Das Problemverhalten besteht zwar noch immer unverändert, aber nicht mehr vollkommen unhinterfragt. Eine Veränderung in etwa einem Monat bis sechs Monaten wird eventuell in Erwägung gezogen. Der Zeiger der Entscheidungswaage schwankt zwischen Status Quo und Veränderung hin und her.

In dieser Phase herrscht Ambivalenz. Die Person ist hin- und hergerissen. Vor- und Nachteile der verschiedenen Möglichkeiten werden abgewogen, eventuell wird eine Kosten-Nutzen-Bilanz (siehe auch Arbeitsbogen 16, Entscheidungswaage) gezogen. In dieser Phase ist die betroffene Person offen für Informationen.

Emotionales Erleben, wie z.B. Betroffenheit, Scham oder Wut auf sich selbst, wenn z.B. die Tatsache, ein Kettenraucher zu sein, nicht mehr ins Selbstbild von einem gesunden, körperlich fitten und unabhängigen Menschen passt, kann in dieser Phase in Richtung Veränderung motivieren. Eine damit einhergehende Selbstneubewertung und eine Neubewertung der persönlichen Umwelt können die Veränderung begünstigen. Dies kann unterstützt werden durch

- ✔ die Erforschung der Gründe für die Veränderung,
- ✔ das Herausarbeiten der Risiken des Problemverhaltens und
- ✔ die Stärkung der Zuversicht und der Selbstwirksamkeitserwartung für eine erfolgreiche Veränderung.

Die Rolle des helfenden Beraters, Therapeuten, Coaches etc. ist hier die eines Mentors, der den betroffenen Klienten mittels Klientenzentrierter Gesprächsführung[33] und Sokratischen Dialogen[34] ermutigt, mehr Einsicht in die aktuelle Situation und die Bedeutung der anstehenden Entscheidungen zu erlangen. Dadurch, dass der Klient in der Phase der Absichtsbildung psychisch häufig sehr offen und arbeitsbereit ist, muss der Helfende hier meistens sehr viel weniger vorstrukturieren als noch in Phase 1.

Phase 3 – Vorbereitung (Preparation)

In dieser Phase besteht das Problemverhalten zwar noch, aber es ist bereits eine Änderung innerhalb der nächsten etwa 30 Tage beabsichtigt. Die Entscheidungswaage schwankt immer noch um die Mitte hin und her, zeigt aber gelegentlich deutliche Ausschläge in Richtung Veränderung.

Der Entscheidungsprozess ist zwar noch nicht abgeschlossen, und die konkrete Art und Weise der Veränderung, also der Veränderungsplan, ist noch offen, aber die Person ist innerlich bereits „auf dem Sprung" in Richtung Veränderung.

Beziehungen zu nutzen, die für die Veränderung hilfreich sein können, und eine klare Selbstverpflichtung können hier in Richtung Veränderung wirken.

Die Unterstützung beim Herausfinden der besten Veränderungsstrategie kann in dieser Phase besonders hilfreich sein.

Die Helferrolle gleicht hier am ehesten der eines erfahrenen Trainers, der schon mit vielen Klienten „durch dick und dünn" gegangen ist und konkrete Vorschläge bei der Handlungsplanung (siehe Kapitel 6) anbieten kann.

Phase 4 – Handlung (Action)

Das Problemverhalten oder der ursprüngliche Status Quo bestehen in dieser Phase seit weniger als etwa 6 Monaten nicht mehr. Die Entscheidungswaage zeigt einen Ausschlag in Richtung Veränderung, und die Veränderung findet somit statt.

Die betroffene Person zeigt in dieser Phase konkrete Veränderungshandlungen, z.B. indem sie nun wirklich nicht mehr raucht. Dadurch, dass die Veränderung jetzt gelegentlich wie von selbst abläuft, besteht allerdings die Gefahr, nachlässig zu werden und in das alte Problemverhalten zurückzufallen, was dann leicht zu Resignation führen könnte.

Die explizite Bekräftigung oder Verstärkung in die eingeschlagene Veränderungsrichtung ist in dieser Phase eine nützliche Strategie. Sie hilft bei der Gegenkonditionierung gegen das ursprüngliche Problemverhalten. Die Kontrolle der Umwelt, z.B. indem man alle Aschenbecher und Zigaretten aus dem Haus oder der Wohnung verbannt, ist eine weitere nützliche Maßnahme.

Andere Personen können in dieser Phase am besten helfen, indem sie konkrete Unterstützung bei wichtigen einzelnen Veränderungsschritten geben.

Daher ist die Helferrolle in dieser Phase die eines Beraters, der sein Expertenwissen sowie seine Erfahrung und Unterstützung zur Verfügung stellt, sobald der Veränderungsprozess ins Stocken gerät oder nicht mehr ganz so „geschmiert" abläuft wie geplant.

Die Handlungsphase wird häufig als kürzeste aber auch labilste Phase des Modells der Phasen der Veränderung beschrieben.

Phase 5 – Aufrechterhaltung (Maintenance)

In dieser Phase hat die Veränderung bereits stattgefunden. Das Problemverhalten besteht bereits seit mehr als etwa 6 Monaten nicht mehr. Die Entscheidungswaage zeigt einen deutlichen Ausschlag in Richtung der ursprünglich angestrebten und jetzt erreichten Veränderung.

Die Person entwickelt in dieser Phase oft einen starken Optimismus, die Veränderung aufrechterhalten zu können. Dies macht allerdings auch die Aufgabe von Vorsichtsmaßnahmen wahrscheinlich und erhöht dadurch die Gefahren für einen Rückfall.

Die Strategien zur Aufrechterhaltung der Veränderung und die Helferrolle sind hier dieselben wie in Phase 4.

Darüber hinaus kann in der Aufrechterhaltungsphase die Unterstützung beim Finden und Verankern von Strategien, die einem Rückfall vorbeugen, besonders hilfreich sein.

Ein Rückfall in das alte Problemverhalten oder den alten Status Quo bedeutet immer auch einen Rückfall in eine der Phasen 1 bis 3 mit ihren jeweiligen Motivationslagen, Strategien, Unterstützungsmöglichkeiten und Helferrollen.

Phase 6 – Beendigung (Termination)

In dieser Phase ist man „mit der Sache durch“. Es besteht keine Rückfallgefahr mehr, so dass auch keine Energie mehr zur Rückfallverhütung eingesetzt werden muss. Das neue Verhalten ist „in Fleisch und Blut übergegangen“. Der Zeiger der Entscheidungswaage zeigt überdeutlich in Richtung der angestrebten und jetzt erreichten Veränderung und ist in dieser Position eingerastet. Die ursprünglich angestrebte und jetzt erreichte Veränderung hat sich sozusagen chronifiziert.

Dass jemand die Phase der Beendigung erreicht hat, ist vor allem daran zu erkennen, dass[35]

- ✔ er ein neues Selbstbild aufgebaut und etabliert hat,
- ✔ es für ihn überhaupt keine Situationen mehr gibt, in denen ein Verlangen nach dem ursprünglichen Problemverhalten auftritt,
- ✔ ein hohes Selbstbewusstsein und eine solide Selbstsicherheit und Selbsteffizienz bezüglich der Aufrechterhaltung des veränderten Verhaltens bestehen und
- ✔ er nicht nur sein Verhalten, sondern seinen ganzen Lebensstil verändert hat.

In dieser Phase haben das neue Selbstbild, das neue Selbstbewusstsein und der neue Lebensstil die Helferrolle übernommen. Sie unterstützen den Klienten fortwährend dabei, das veränderte Verhalten aufrechtzuerhalten.

Ob diese Phase grundsätzlich bei allen Verhaltensänderungen erreichbar ist, ist umstritten. So wird beispielsweise im Suchthilfebereich häufig davon ausgegangen, dass selbst ein Jahrzehnte lang abstinent lebender Suchtkranker aufgrund seines „Suchtgedächtnisses“ niemals in Phase 6 gelangen kann. Er müsse, wie der (ehemalige) Kettenraucher in unserem Beispiel, sein Leben lang aktiv Rückfallvorbeugung betreiben, um weiterhin dauerhaft suchtmittelabstinent leben zu können. Für andere überwundene Schwierigkeiten, wie z.B. eine abgeklungene Depression, wird zum Teil Ähnliches vermutet.

Die Motivierende Gesprächsführung passt sich den Phasen der Veränderung an

Wie aus der Beschreibung der einzelnen Phasen ersichtlich, kommen in jeder Phase unterschiedliche Strategien und Unterstützungsmöglichkeiten zum Tragen, die jeweils genau auf die Motivationslage des Klienten in der jeweiligen Phase abgestimmt sind. Da die Motivierende Gesprächsführung dies berücksichtigt, ist sie einerseits sehr offen und klientenzentriert, andererseits aber auch sehr strukturiert und zielgerichtet. Dies gibt ihrem Anwender viel Freiraum und gleichzeitig Orientierung und Halt. Dabei trägt die Motivierende Gesprächsführung der häufig vorhandenen Ambivalenz des Klienten bezüglich anstehender Veränderungen ausreichend Rechnung.

Wichtigkeit, Zuversicht und Bereitschaft

Beim Durchlaufen der Phasen der Veränderung, von der jede einzelne von wenigen Sekunden bis zu mehreren Jahrzehnten dauern kann, spielen folgende drei Aspekte immer wieder eine zentrale Rolle:

- die **Wichtigkeit** der Veränderung
- die **Zuversicht**, die Veränderung zu erreichen und zu erhalten
- die **Bereitschaft**, selbst aktiv etwas für das Erreichen oder die Aufrechterhaltung der Veränderung zu tun

Der Zusammenhang zwischen diesen drei Aspekten lässt sich folgendermaßen darstellen:[36]

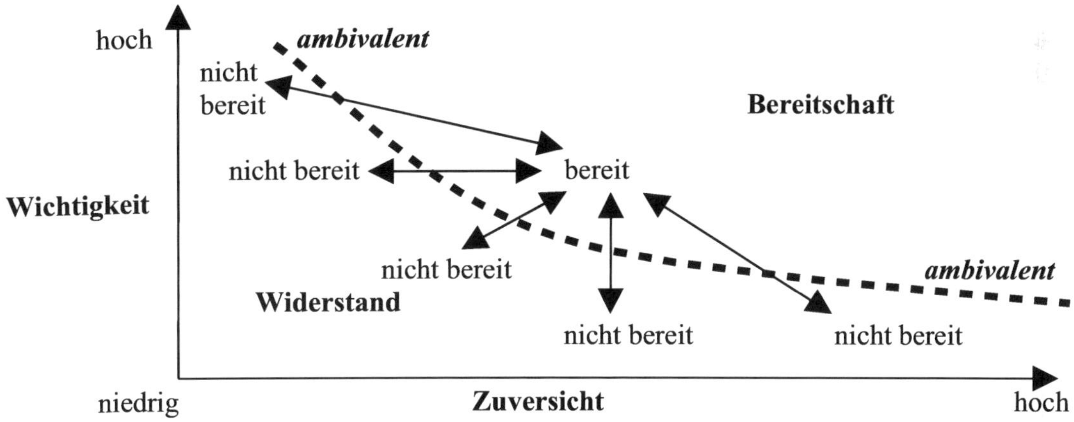

Abbildung 2: Wichtigkeit, Zuversicht und Bereitschaft

Vgl. ROLLNICK / MASON / BUTLER 1999, S. 186

Erst wenn Wichtigkeit und Zuversicht hoch genug sind, so dass ihr Schnittpunkt oberhalb der (in Abbildung 2 gestrichelt dargestellten) Linie der Ambivalenz liegt, gibt es eine Bereitschaft zur Veränderung.

In der Sprache des Klienten und bei der Selbstexploration lauten diese drei Komponenten:

- **„Ist es wichtig für mich?“** (Wichtigkeit, siehe auch Arbeitsbogen 17)
- **„Kann ich?“** (Zuversicht, siehe auch Arbeitsbogen 18)
- **„Will ich?“** (Bereitschaft, siehe auch Arbeitsbogen 19)

Dies sind die drei entscheidenden Fragen, die man für sich selbst mit „ja“ beantworten muss, wenn es in der eigenen Sache vorangehen soll. Umgekehrt heißt das dann natürlich, dass es nicht vorangehen wird, solange mindestens eine dieser drei Fragen (noch) mit „nein“ beantwortet wird, wobei „beantwortet“ hier das Handeln meint und nicht das Sprechen. Es geht also immer darum, was jemand handlungsmäßig auf diese Fragen antwortet und nicht um das, was er verbal dazu äußert. Also: Folgen Sie Ihren Absichten! ... oder wie der Engländer sagt: „Walk Your Talk!“ ... oder wie Erich KÄSTNER schrieb: „...“ (Na, gut. Das hatten wir ja schon in Kapitel 2.1!)

Die „Talks“ in der Motivierenden Gesprächsführung

Der verbale erste Schritt kann allerdings auch ein erster Schritt in Richtung zum ersten Handlungsschritt sein. Um die Bereitschaft zur Veränderung zu wecken, aufrechtzuerhalten und zu fördern, wird der Klient daher ermuntert und ermutigt, folgende vier Arten von Gesprächen zu führen:[37]

- ✔ Change-Talk: Der Klient spricht über die Veränderung
- ✔ Importance-Talk: Der Klient spricht über die Wichtigkeit der Veränderung
- ✔ Confidence-Talk: Der Klient spricht über seine Zuversicht bezüglich der Veränderung
- ✔ Readiness-Talk: Der Klient spricht über seine Bereitschaft, selbst aktiv etwas für die Veränderung zu tun

Change-Talk mit seinen Komponenten Importance-Talk, Confidence-Talk und Readiness-Talk ist das Gegenteil von Problem-Talk, der gelegentlich auch als Widerstand bezeichnet wird.

Gesprächsführungsstrategien und Grundannahmen

Damit der Klient auf diese Weise Wichtigkeit (Importance), Zuversicht (Confidence) und Bereitschaft (Readiness) im Gespräch immer mehr entdecken, erforschen und gegebenenfalls fördern kann, empfehlen sich für seinen Gesprächspartner folgende Gesprächsführungsstrategien:[38]

- ✔ weniger reden als der Klient
- ✔ offene Fragen (Fragen, auf die man nicht mit „ja“ oder „nein“ antworten kann und auf die es keine von vornherein festgelegte richtige Antwort gibt) so stellen, dass sie Change-Talk, Importance-Talk, Confidence-Talk und Readiness-Talk des Klienten fördern
- ✔ insgesamt wenig Fragen stellen, sondern stattdessen die Gesprächsanteile des Klienten so reflektieren, zusammenfassen und ergänzen, dass sie Change-Talk, Importance-Talk, Confidence-Talk und Readiness-Talk des Klienten fördern

Der Gesprächspartner des Klienten orientiert sein Verhalten also kontinuierlich daran, die genannten „Talks“ beim Klienten hervorzurufen und zu fördern. Je mehr dieser „Talks“ der Klient zeigt, desto richtiger im Sinne der Motivierenden Gesprächsführung ist das Verhalten seines Gesprächspartners. Dabei hält sich der Gesprächspartner des Klienten immer folgende Grundsätze vor Augen:[39]

- ✔ Der Klient hat seine eigenen Ressourcen, Stärken und Möglichkeiten, die für die Veränderung genutzt werden können und sollten.
- ✔ Der Klient legt Ziel, Zeitpunkt, Ort, Umfang etc. der Veränderung selbst fest.
- ✔ Nur der Klient selbst kann sich selbst verändern; der Gesprächsleiter kann die Veränderung nicht steuern, sondern dazu lediglich etwas beisteuern oder beitragen.

Motivieren versus Grenzen setzen

Die Motivierende Gesprächsführung und das Modell der Phasen der Veränderung machen deutlich, welches Vorgehen bei welchen Motivationslagen sinnvoll, geeignet und erfolgversprechend ist. Häufig geht es gerade im pädagogischen und therapeutischen Alltag jedoch nicht um Motivation, sondern um Begrenzung. Wenn Sie Grenzen setzen müssen, lassen Sie die Motivierende Gesprächsführung einfach weg!

Übungsaufgaben zur Wiederholung und Vertiefung:

1. Zeichnen und beschriften Sie eine Entscheidungswaage mit all ihren Komponenten!
2. Nennen Sie die einzelnen Phasen des Modells der Phasen der Veränderung nach PROCHASKA und DiCLEMENTE!
3. Wie lautet der Lieblingssatz sogenannter unfreiwilliger Klienten in bezug auf ihre problematischen Verhaltensweisen?
4. An welchen Merkmalen kann man erkennen, dass jemand die letzte Phase des Modells der Phasen der Veränderung nach PROCHASKA und DiCLEMENTE erreicht hat?

(Die Lösungen zu den Übungsaufgaben finden Sie in Kapitel 9.)

Arbeitsbögen mit starkem Bezug zur Motivierenden Gesprächsführung sind:

Arbeitsbogen 12: Zufriedenheit, Teil 2
Arbeitsbogen 13: Zehnjahresplan
Arbeitsbogen 16: Entscheidungswaage
Arbeitsbogen 17: Wichtigkeit
Arbeitsbogen 18: Zuversicht
Arbeitsbogen 19: Bereitschaft
Arbeitsbogen 21: Ziele-Matrix
Arbeitsbogen 23: Veränderungsplan

Weiterführende Literatur:

MILLER, William R. / ROLLNICK, Stephen: *Motivierende Gesprächsführung*, Freiburg im Breisgau 2004.

2.4 Case Management

Herkunft und Zielsetzung

Case Management ist ein Verfahren, das hilfebedürftigen Menschen Zugang zu Ressourcen verschaffen und gleichzeitig diese Ressourcen sicherstellen soll. Es wurde Ende der 1970er Jahre von Sozialdiensten in den USA entwickelt und verbindet Einzelfallhilfe mit sozialer Netzwerkarbeit. Hauptziel ist dabei, möglichst passgenaue Hilfen für individuelle Problemlagen zu finden und die dazu nötigen Ressourcen unter vertretbarem Mitteleinsatz zur Verfügung zu haben.[40]

Die fünf Phasen des Case-Management-Prozesses

Der Case-Management-Prozess verläuft in folgenden fünf Phasen:[41]

1. Kontaktaufnahme
2. Assessment sowie Problem- und Ressourcenanalyse
3. Zielvereinbarung sowie Hilfe- und Veränderungsplanung
4. Durchführung inklusive Vermittlung, Organisation, Koordination und Verlaufsbeobachtung bzw. Monitoring
5. Re-Assessment, Evaluation und gegebenenfalls Beendigung der Zusammenarbeit

Phase 1 – Kontaktaufnahme

Die Kontaktaufnahme kennzeichnet den Beginn der Arbeitsbeziehung zwischen Klient und Case Manager. Sie beinhaltet ein Erstgespräch, das unter anderem einer ersten vorläufigen Einschätzung der Problemlage dient, sowie der Klärung von Erwartungen und der Information über mögliche Hilfen.

Phase 2 – Assessment sowie Problem- und Ressourcenanalyse

In der Phase des Assessments sowie der Problem- und Ressourcenanalyse geht es darum, ein möglichst klares Profil der vorhandenen Schwierigkeiten und Ressourcen zu erstellen. Hiefür werden Einschätzungen und Prognosen des Klienten und des Case Managers sowie eventuell der Angehörigen des Klienten, sonstiger Bezugspersonen (z.B. gesetzlicher Betreuer) und weiterer beteiligter Personen oder Institutionen gesammelt, bewertet und zusammengefasst.

Phase 3 – Zielvereinbarung sowie Hilfe- und Veränderungsplanung

In der Zielvereinbarung werden die Ziele der Hilfestellung, der Hilfebedarf, die Indikatoren für den Erfolg der Hilfen und die Maßnahmen zur Zielerreichung festgeschrieben. Die Zielvereinbarung ist eine verbindliche schriftliche Regelung, die in einem Hilfe-, Förder- oder Veränderungsplan (siehe auch Arbeitsbogen 23) dann noch weiter ausdifferenziert werden kann.

Phase 4 – Durchführung inklusive Vermittlung, Organisation, Koordination und Verlaufsbeobachtung bzw. Monitoring

In dieser Phase werden die zuvor vereinbarten Maßnahmen durchgeführt, koordiniert und kontrolliert. Hierbei geht es unter anderem darum, möglichst kontinuierlich und möglichst genau festzustellen, inwieweit die Folgen der einzelnen Hilfemaßnahmen den vereinbarten Zielen entsprechen, um möglichst genaue Daten zur Steuerung des Hilfeprozesses zu erhalten.

Phase 5 – Re-Assessment, Evaluation und gegebenenfalls Beendigung der Zusammenarbeit

Diese Phase könnte man auch als Auswertungsphase bezeichnen. Hierbei geht es um eine Beurteilung der Hilfemaßnahmen und ihrer Ergebnisse durch alle Beteiligten, die Entscheidung über Fortsetzung oder Beendigung der Zusammenarbeit, die Ermittlung des Verhältnisses von

Aufwand und Erfolg sowie eine Prüfung des beteiligten Hilfesystems auf seine Effizienz und auf eventuell vorhandene Defizite.

Case Management als Problemlöseschema

Damit entspricht der Case-Management-Prozess weitgehend gängigen allgemeinen Problemlöseschemata, wie sie zum Beispiel auch in der Verhaltenstherapie verwendet werden. Im Case Management zielt dieser Ablauf darauf ab, die Verbesserung des Zugangs einzelner Personen sowohl zu ihren eigenen individuellen Ressourcen, als auch zu Ressourcen des sozialen Netzwerkes systematisch zu steuern, zu dokumentieren, zu kontrollieren und auszuwerten. Es geht dabei auch darum, Ressourcen auf möglichst nützliche und hilfreiche Weise miteinander zu verbinden, um einer individuellen Problemlage möglichst effizient Abhilfe zu verschaffen. Folgende Leitfragen haben sich dabei in der Praxis der Sozialen Arbeit bewährt:[42]

- ✔ Welche Stärken, Fähigkeiten und Ressourcen einzelner Personen können auf welche Art und Weise genutzt werden?
- ✔ Welche Stärken, Fähigkeiten und Ressourcen bestimmter Institutionen oder Gruppen von Personen können auf welche Art und Weise genutzt werden?
- ✔ Was ist nötig und nützlich, um bereits vorhandene Ressourcen so miteinander zu kombinieren und zu vernetzen, dass ihr Nutzen steigt?
- ✔ Welche Unterstützungs- und Hilfeangebote sollten erweitert werden?
- ✔ Welche Unterstützungs- und Hilfeangebote sollten neu geschaffen werden?
- ✔ Welche Unterstützungs- und Hilfeangebote können reduziert oder abgeschafft werden?

Case Management erfordert Fingerspitzengefühl

Das Case Management systematisiert den Hilfeablauf und hilft Ihnen dabei, den Blick auf das Umfeld zu erweitern und dadurch weitere Ressourcen zu erschließen. Dies erfordert Ihrerseits viel Fingerspitzengefühl für die Ressourcen, Stärken und Möglichkeiten aller Beteiligten sowie für deren Grenzen und Defizite.

Übungsaufgaben zur Wiederholung und Vertiefung:

1. Wann, von wem und wo wurde das Case Management entwickelt?
2. Welche Hilfearten verbindet das Case Management miteinander?
3. Nennen Sie die einzelnen Phasen des Case-Management-Prozesses!
4. Welcher Art von Schemata entspricht der Case-Management-Prozess weitgehend?

(Die Lösungen zu den Übungsaufgaben finden Sie in Kapitel 9.)

Arbeitsbögen mit starkem Bezug zum Case Management sind:

Arbeitsbogen 14: Lebensbereiche
Arbeitsbogen 21: Ziele-Matrix
Arbeitsbogen 22: Problemlösestrategien
Arbeitsbogen 23: Veränderungsplan
Arbeitsbogen 24: Schritt für Schritt vorankommen

Weiterführende Literatur:

NEUFFER, Manfred: *Case Management* – Soziale Arbeit mit Einzelnen und Familien, 2., überarbeitete Auflage, Weinheim und München 2005.

3. <u>Modul 1:</u> Schätze bergen Was ist gut und soll so bleiben?

Angenommen, jemand würde ein Buch über Ihr Leben schreiben mit dem Titel „Schätze“![43] Es würde von all den Dingen und Erlebnissen handeln, die Ihnen jemals etwas wert waren. Es würde also von den Schätzen in Ihrem Leben handeln.

- ✔ Wie würde diese Geschichte anfangen?
- ✔ Wenn Sie den Autor beim Schreiben beraten würden: Was würden Sie ihm sagen?
- ✔ Welche Erlebnisse sollte die Geschichte auf alle Fälle enthalten? Welche dürften auf gar keinen Fall fehlen?
- ✔ Welche Erlebnisse sollten lieber nicht in dem Buch vorkommen? Was würden Sie gerne verschweigen?
- ✔ Würde es eine Kurzgeschichte, ein Roman oder eher eine Novelle werden? Möglicherweise ein Epos oder ein 25-bändiges Lexikon? Vielleicht ein Fortsetzungsroman, ein Groschenheft oder ein Comic?
- ✔ Welche alternativen Buchtitel fallen Ihnen zu demselben Thema ein? Wie könnte das Buch bei gleichem Inhalt sonst noch heißen?
- ✔ Wie wäre das vorläufige Ende dieser Geschichte?
- ✔ ... und was fällt Ihnen noch alles dazu ein?

Aus dieser Idee des Buch-Schreibens lassen sich viele weitere Fragen und Geschichten zur Erarbeitung und Besprechung der Arbeitsbögen 1 bis 5 ableiten.

Um eine möglichst plastische Geschichte zu erhalten, können Sie sich, wenn es um die Details geht, auch immer wieder folgende Frage zu Gemüte führen:

- ✔ Wer genau tut was genau, wann genau, wo genau, mit wem genau, auf welche Art und Weise genau, in welchem konkreten Zusammenhang mit welchen Absichten und Zielen und welchen konkreten Folgen?[44]

Im Gespräch mit Klienten lassen sich mit Hilfe dieser Frage viele Details zu den zu bergenden Schätzen erfragen. Sobald der Klient anfängt, über die Schätze seiner Vergangenheit zu sprechen, geht es also darum, so viele Einzelheiten wie möglich zu erfahren, damit die verborgenen Stärken und Ressourcen möglichst deutlich sichtbar gemacht und gefördert werden können. Und wann immer Sie glauben, genug Einzelheiten herausgefunden zu haben, sollten Sie die Frage

✔ ... und was fällt Ihnen noch dazu ein?

stellen, da die Antworten auf diese Frage manchmal ausführlicher und detaillierter sind als die Antworten auf alle vorausgegangenen Fragen zusammen.

Und nun: Viel Erfolg beim Bergen der Schätze!

3.1 Bewahrenswertes

Arbeitsbogen 1, Bewahrenswertes, befasst sich mit allem, was in der aktuellen Lebenssituation erhalten und geschützt werden soll. Es geht um das, was gut ist und so bleiben soll, wie es ist. Verwandte Themen, die durch diesen Arbeitsbogen berührt werden, sind zum Beispiel:

- ✔ Was ist gut in meinem Leben?
- ✔ Was ist mir etwas wert?
- ✔ Welche Normen und Werte habe ich?
- ✔ Welche Verluste drohen mir aktuell in meinem Leben?
- ✔ Für was bin ich dankbar?
- ✔ Was habe ich mir in meinem Leben bereits erarbeitet?
- ✔ Worauf bin ich stolz?

Wenn im Leben Veränderungen anstehen, ist es manchmal sinnvoll und hilfreich, vorher festzuhalten, was nicht verändert werden soll. Dies kann sowohl vor eventuell drohenden Verlusten schützen, als auch deutlich machen, was bereits alles erreicht wurde.

Dieser Arbeitsbogen hat engen Bezug zum lösungsfokussierten Ansatz, zur Resilienz und zu folgenden anderen Arbeitsbögen:
Arbeitsbogen 2: Zufriedenheit, Teil 1
Arbeitsbogen 6: Widerstandsfähigkeit, Teil 1
Arbeitsbogen 12: Zufriedenheit, Teil 2
Arbeitsbogen 13: Zehnjahresplan
Arbeitsbogen 14: Lebensbereiche
Arbeitsbogen 15: Widerstandsfähigkeit, Teil 2

<u>Notizen:</u>

Arbeitsbogen 1 Bewahrenswertes

Was passiert zur Zeit in Ihrem Leben, von dem Sie wollen, dass es auch weiterhin geschieht?

1. Was passiert zur Zeit in Ihrem Leben im Bereich Arbeit / Schule / Ausbildung, von dem Sie wollen, dass es auch weiterhin geschieht? Was ist dort gut und soll so bleiben?

2. Was passiert zur Zeit in Ihrem Leben im Bereich Beziehungen, von dem Sie wollen, dass es auch weiterhin geschieht? Was ist dort gut und soll so bleiben?

3. Was passiert zur Zeit in Ihrem Leben im Bereich Gesundheit, von dem Sie wollen, dass es auch weiterhin geschieht? Was ist dort gut und soll so bleiben?

4. Was passiert zur Zeit in Ihrem Leben im Bereich des Entwickelns von Lebensperspektiven, von dem Sie wollen, dass es auch weiterhin geschieht? Was ist dort gut und soll so bleiben?

5. Was passiert zur Zeit in Ihrem Leben im Bereich Erfüllung und Lebenssinn, von dem Sie wollen, dass es auch weiterhin geschieht? Was ist dort gut und soll so bleiben?

6. Was passiert zur Zeit sonst noch in Ihrem Leben, von dem Sie wollen, dass es auch weiterhin geschieht? Was ist sonst noch gut und soll so bleiben?

3.2 Zufriedenheit, Teil 1

Arbeitsbogen 2, Zufriedenheit, Teil 1, befasst sich mit allem, was jemanden seelisch zur Ruhe bringt, bei dem man inneren Frieden empfindet. Dies kann auch mit Freude, Gelassenheit und einem Gefühl von Versöhnung einhergehen. Verwandte Themen, die durch diesen Arbeitsbogen berührt werden, sind zum Beispiel:

- ✔ Wann und wie erlebe ich Ausgeglichenheit?
- ✔ Was behagt mir?
- ✔ Wann fühle ich mich ausgefüllt?
- ✔ Wann bin ich gelassen und glücklich?
- ✔ Womit kann ich mich gut begnügen?
- ✔ Was sind meine Ansprüche an mein Leben?
- ✔ Welche kleinen Dinge im Leben machen mich froh?

Gerade in schwierigen Lebenssituationen können die Antworten auf diese Fragen dabei helfen, Kurs zu halten und sich auf die eigenen Werte und Ziele zu besinnen. Alle die Dinge, mit denen man im Alltag zufrieden ist, können hierbei wichtige Hinweise liefern.

Dieser Arbeitsbogen hat engen Bezug zum lösungsfokussierten Ansatz, zur Resilienz und zu folgenden anderen Arbeitsbögen:
Arbeitsbogen 1: Bewahrenswertes
Arbeitsbogen 3: Schöne Situationen
Arbeitsbogen 4: Freudige Erlebnisse
Arbeitsbogen 5: Liebevolle Erlebnisse
Arbeitsbogen 6: Widerstandsfähigkeit, Teil 1
Arbeitsbogen 12: Zufriedenheit, Teil 2
Arbeitsbogen 15: Widerstandsfähigkeit, Teil 2

<u>Notizen:</u>

Arbeitsbogen 2 Zufriedenheit, Teil 1

1. Wählen Sie bitte **eine** der folgenden Fragen aus, um sie näher zu betrachten und dann zu beantworten (bitte die von Ihnen ausgewählte Frage ankreuzen):

   a) Was klappte gestern oder heute gut bei Ihnen, was war O.K. für Sie, womit sind Sie zufrieden?

   b) Worauf sind Sie zur Zeit stolz?

   c) Was finden Sie momentan in Ihrem Leben am interessantesten?

   d) Welche kleinen oder großen Erfolge hatten Sie gestern oder heute und wie haben Sie diese Erfolge erzielt?

   e) Was genießen Sie zur Zeit in Ihrem Leben am meisten, was macht Ihnen zur Zeit am meisten Spaß?

   f) An welche schönen Situationen oder Ereignisse aus Ihrem Leben erinnern Sie sich zur Zeit am liebsten?

   g) Was baut Sie zur Zeit am meisten auf, was gibt Ihnen Kraft, was fördert Sie?

2. Wie lautet Ihre Antwort auf die von Ihnen ausgewählte Frage? Was fällt Ihnen noch alles dazu ein?

3.3 Schöne Situationen

Arbeitsbogen 3, Schöne Situationen, befasst sich mit allem, was man gerne betrachtet und als angenehm empfindet. Es geht hier um Erlebnisse, die Freude und Wohlsein vermitteln. Verwandte Themen, die durch diesen Arbeitsbogen berührt werden, sind zum Beispiel:

- ✔ Was wurde durch schöne Erlebnisse in meinem Leben ermöglicht?
- ✔ Was wurde durch diese Erlebnisse eventuell verhindert?
- ✔ Was tut mir gut?
- ✔ Welche Situationen finde ich anziehend und faszinierend?
- ✔ Was waren bisher die Höhepunkte in meinem Leben?
- ✔ Was bedeuteten mir diese Erlebnisse damals?
- ✔ Was bedeuten mir diese Erlebnisse heute?

Das Erinnern und Durcharbeiten schöner Erlebnisse kann wichtige Ressourcen zu Tage fördern. Dies kann besonders in schwierigen Situationen manchmal helfen, Mut und Hoffnung zu schöpfen.

Dieser Arbeitsbogen hat engen Bezug zum lösungsfokussierten Ansatz, zur Resilienz und zu folgenden anderen Arbeitsbögen:
Arbeitsbogen 1: Bewahrenswertes
Arbeitsbogen 2: Zufriedenheit, Teil 1
Arbeitsbogen 4: Freudige Erlebnisse
Arbeitsbogen 5: Liebevolle Erlebnisse
Arbeitsbogen 7: Schwierige Situationen
Arbeitsbogen 12: Zufriedenheit, Teil 2

<u>Notizen:</u>

Arbeitsbogen 3 Schöne Situationen

1. Welche waren drei der schönsten oder angenehmsten Situationen in Ihrem Leben?

   a) ______________________________

   b) ______________________________

   c) ______________________________

2. Wie haben Sie selbst dafür gesorgt, dass Sie in diese schönen Situationen kommen konnten? Was genau haben Sie dazu getan?

3. Was haben Sie selbst dazu beigetragen, dass diese Situationen eine Weile anhalten konnten? Was genau haben Sie dazu getan?

4. Welche Ihrer Fähigkeiten und Fertigkeiten haben Sie selbst dazu genutzt, um diese schönen oder angenehmen Situationen herbeizuführen und eine Weile aufrechtzuerhalten? Welche Ihrer persönlichen Eigenschaften haben Ihnen dabei geholfen?

3.4 Freudige Erlebnisse

Arbeitsbogen 4, Freudige Erlebnisse, befasst sich mit allem, was im Leben mit Heiterkeit, Vergnügen und Lebhaftigkeit zu tun hat. Bei freudigen Erlebnissen könnte man vor Freude springen, spürt freudige Erregung oder ist einfach außer sich vor Freude, so dass manchmal das eigene Herz vor Freude hüpft. Verwandte Themen, die durch diesen Arbeitsbogen berührt werden, sind zum Beispiel:

- ✔ Was wurde durch freudige Erlebnisse in meinem Leben ermöglicht?
- ✔ Was wurde durch diese Erlebnisse eventuell verhindert?
- ✔ Wann und wie erlebe ich Fröhlichkeit, Heiterkeit und Leichtigkeit?
- ✔ Was tue ich von Herzen gern?
- ✔ Was hat mir in meinem Leben gut gefallen?
- ✔ Was bedeutete mir das damals?
- ✔ Was bedeutet es mir heute?

Die Erinnerung an freudige Erlebnisse kann manchmal ein Gefühl von Leichtigkeit und Heiterkeit wachrufen. Dies kann unter anderem dabei helfen, Abstand zu bedrückenden Situationen zu gewinnen.

Dieser Arbeitsbogen hat engen Bezug zum lösungsfokussierten Ansatz, zur Resilienz und zu folgenden anderen Arbeitsbögen:
Arbeitsbogen 2: Zufriedenheit, Teil 1
Arbeitsbogen 3: Schöne Situationen
Arbeitsbogen 5: Liebevolle Erlebnisse
Arbeitsbogen 12: Zufriedenheit, Teil 2
Arbeitsbogen 15: Widerstandsfähigkeit, Teil 2
Arbeitsbogen 20: Ziel-Spiel
Arbeitsbogen 25: Verbesserungen

Notizen:

Arbeitsbogen 4 Freudige Erlebnisse

1. Bei welchen Erlebnissen in Ihrem Leben haben Sie folgende (unten genannte) Gefühle erlebt? Nennen Sie bitte pro Gefühl ein konkretes Beispiel.

   a) Freude

   b) Stolz

   c) Zufriedenheit

   d) Glück

   e) Genuss

   f) Heiterkeit

   g) Optimismus

   h) Begeisterung

   i) Ausgelassenheit

   j) Spaß

2. Welche freudigen Gefühle fallen Ihnen noch ein? An welche dazu passenden Erlebnisse aus Ihrem Leben erinnern Sie sich dabei?

3. Wie haben Sie selbst dafür gesorgt, dass Sie in diese freudigen Situationen kommen konnten? Was genau haben Sie dazu getan?

4. Was haben Sie selbst dazu beigetragen, dass diese Situationen eine Weile anhalten konnten? Was genau haben Sie dazu getan?

5. Welche Ihrer Fähigkeiten und Fertigkeiten haben Sie selbst dazu genutzt, um diese freudigen Situationen herbeizuführen und eine Weile aufrechtzuerhalten? Welche Ihrer persönlichen Eigenschaften haben Ihnen dabei geholfen?

3.5 Liebevolle Erlebnisse

Arbeitsbogen 5, Liebevolle Erlebnisse, befasst sich mit allem, was man gern hat, begehrt und angenehm findet. Liebevolle Erlebnisse gehen häufig mit dem Gefühl einher, angenommen und akzeptiert zu sein. Verwandte Themen, die durch diesen Arbeitsbogen berührt werden, sind zum Beispiel:

- ✔ Was wurde durch liebevolle Erlebnisse in meinem Leben ermöglicht?
- ✔ Was wurde durch diese Erlebnisse eventuell verhindert?
- ✔ Wann, wo und von wem wurde ich aufmerksam und herzlich behandelt?
- ✔ Wem gegenüber bin ich selbst herzlich und aufmerksam?
- ✔ Welche waren bisher die liebevollsten Erlebnisse in meinem Leben?

Liebevolle Erlebnisse gehören zu dem Schönsten, was man erleben kann. Das Gefühl, angenommen, respektiert, akzeptiert und geliebt zu sein, sowie die Fähigkeit, selbst Liebe geben zu können, vermitteln häufig eine Unbefangenheit, die gerade angesichts auch großer Schwierigkeiten enorm handlungs- und widerstandsfähig machen kann.

Dieser Arbeitsbogen hat engen Bezug zum lösungsfokussierten Ansatz, zur Resilienz und zu folgenden anderen Arbeitsbögen:
Arbeitsbogen 1: Bewahrenswertes
Arbeitsbogen 2: Zufriedenheit, Teil 1
Arbeitsbogen 3: Schöne Situationen
Arbeitsbogen 4: Freudige Erlebnisse
Arbeitsbogen 12: Zufriedenheit, Teil 2
Arbeitsbogen 15: Widerstandsfähigkeit, Teil 2

<u>Notizen:</u>

Arbeitsbogen 5 Liebevolle Erlebnisse

1. Bei welchen Erlebnissen in Ihrem Leben haben Sie folgende (unten genannte) Gefühle erlebt? Nennen Sie bitte pro Gefühl ein konkretes Beispiel.

   a) Liebe

   b) Anziehung

   c) Sympathie

   d) Zuneigung

   e) Fürsorge

   f) Mitgefühl

   g) Entzücken

   h) Vertrautheit

   i) Freundlichkeit

   j) Menschliche Nähe und Wärme

2. Welche liebevollen Gefühle fallen Ihnen noch ein? An welche dazu passenden Erlebnisse aus Ihrem Leben erinnern Sie sich dabei?

3. Wie haben Sie selbst dafür gesorgt, dass Sie in diese liebevollen Situationen kommen konnten? Was genau haben Sie dazu getan?

4. Was haben Sie selbst dazu beigetragen, dass diese Situationen eine Weile anhalten konnten? Was genau haben Sie dazu getan?

5. Welche Ihrer Fähigkeiten und Fertigkeiten haben Sie selbst dazu genutzt, um diese liebevollen Situationen herbeizuführen und eine Weile aufrechtzuerhalten? Welche Ihrer persönlichen Eigenschaften haben Ihnen dabei geholfen?

4. <u>Modul 2:</u> Bewältigungsstrategien Was hat bei Schwierigkeiten schon einmal gut geholfen?

Angenommen, jemand würde ein Hörspiel über Ihr Leben produzieren mit dem Titel „Bewältigte Schwierigkeiten"! Es würde von all den Dingen und Erlebnissen handeln, die schwierig für Sie waren und die Sie bewältigt haben. Es würde also von Ihren Bewältigungsstrategien handeln.

- ✔ Wie würde dieses Hörspiel anfangen?
- ✔ Wenn Sie den Produktionsleiter oder Regisseur bei der Produktion des Hörspiels beraten würden: Was würden Sie ihm sagen?
- ✔ Welche Erlebnisse sollte das Hörspiel auf alle Fälle enthalten? Welche dürften auf gar keinen Fall fehlen?
- ✔ Welche Erlebnisse sollten lieber nicht in dem Hörspiel vorkommen? Was würden Sie gerne verschweigen?
- ✔ Würde es eher ein kurzes oder ein langes Hörspiel werden? Wie lang wäre es? Zehn Minuten oder mehrere Stunden? Welche Sprecher würden Sie auswählen? Welche Geräusche und Ton-Effekte würden Sie an welchen Stellen beimischen?
- ✔ Welche alternativen Titel fallen Ihnen zu demselben Thema ein? Wie könnte das Hörspiel bei gleichem Inhalt sonst noch heißen?
- ✔ Wie wäre das vorläufige Ende dieses Hörspiels?
- ✔ ... und was fällt Ihnen noch alles dazu ein?

Aus dieser Idee des Hörspiel-Produzierens lassen sich viele weitere Fragen und Geschichten zur Erarbeitung und Besprechung der Arbeitsbögen 6 bis 11 ableiten.

Sollten Sie bei der Erforschung Ihrer Bewältigungsstrategien auf vergangene schwierige Situationen stoßen, für deren erfolgreiche Bewältigung Sie sich (noch) nicht belohnt haben, dann kann es sehr nützlich sein, diese Belohnung nachzuholen. Sie stärken und fördern damit Ihre Bewältigungsstrategien. Sich für vergangene Erfolge zu belohnen, kann auch dabei helfen, sie nicht als Selbstverständlichkeiten zu betrachten, sondern sie stattdessen als etwas Besonderes zu würdigen und anzuerkennen.[45]

Und nun: Viel Erfolg beim Erforschen der Bewältigungsstrategien!

4.1 Widerstandsfähigkeit, Teil 1

Arbeitsbogen 6, Widerstandsfähigkeit, Teil 1, befasst sich mit dem Entgegentreten und Sich-Widersetzen gegen Schwierigkeiten. Es geht hier also um Beständigkeit, Robustheit, Stabilität, Zähigkeit und Unverwüstlichkeit. Verwandte Themen, die durch diesen Arbeitsbogen berührt werden, sind zum Beispiel:

- ✔ Was wurde durch Widerstandsfähigkeit in meinem Leben ermöglicht?
- ✔ Was wurde durch Widerstandsfähigkeit (eventuell) verhindert?
- ✔ In welchen Situationen in meinem Leben bin ich besonders gefordert?
- ✔ Welchen Dingen kann ich gut widerstehen?
- ✔ Welche waren die größten Herausforderungen in meinem Leben?
- ✔ Was bedeuteten mir diese Erlebnisse damals?
- ✔ Was bedeuten sie mir heute?

Jeder Mensch zeigt an jedem Tag in seinem Leben seine Widerstandsfähigkeit gegenüber Schwierigkeiten. Diese Widerstandsfähigkeit bewusst zu machen, kann helfen, sie zu fördern und in Zukunft bewusster einzusetzen.

Dieser Arbeitsbogen hat engen Bezug zur Resilienz und zu folgenden anderen Arbeitsbögen:
Arbeitsbogen 7: Schwierige Situationen
Arbeitsbogen 8: Trauer
Arbeitsbogen 9: Angst
Arbeitsbogen 10: Ärger
Arbeitsbogen 11: Scham und Schuld
Arbeitsbogen 15: Widerstandsfähigkeit, Teil 2

<u>Notizen:</u>

Arbeitsbogen 6 Widerstandsfähigkeit, Teil 1

1. Welche waren die drei größten Herausforderungen, Schwierigkeiten, Probleme oder Anstrengungen, die Sie gestern oder heute erfolgreich bewältigt haben?

   a) ____________________

   b) ____________________

   c) ____________________

2. Wie haben Sie diese Herausforderungen, Schwierigkeiten, Anstrengungen oder Probleme bewältigt? Welche Fähigkeiten haben Sie dabei genutzt?

3. Welche Fähigkeiten haben Sie sonst noch in letzter Zeit genutzt, um mit Stress, Unannehmlichkeiten oder sonstigen Schwierigkeiten fertig zu werden?

4. Auf welche Ihrer persönlichen Eigenschaften gründen Ihre oben genannten Fähigkeiten? Welche persönlichen Eigenschaften haben Sie, die es ihnen ermöglichen, mit Herausforderungen, Schwierigkeiten, Anstrengungen oder Problemen fertig zu werden?

4.2 Schwierige Situationen

Arbeitsbogen 7, Schwierige Situationen, befasst sich mit allem, was Mühe macht und Anstrengungen erfordert. Es geht hier um Situationen, die nicht einfach sind und einem oft schwer auf den Schultern lasten. Verwandte Themen, die durch diesen Arbeitsbogen berührt werden, sind zum Beispiel:

- ✔ Wofür waren die Schwierigkeiten in meinem Leben nützlich?
- ✔ Wobei waren sie hinderlich?
- ✔ Was habe ich aus den Schwierigkeiten gelernt?
- ✔ Welche Schwierigkeiten kann ich als Herausforderungen betrachten?
- ✔ Welche waren die größten Schwierigkeiten in meinem Leben?
- ✔ Was bedeuteten mir diese Schwierigkeiten damals?
- ✔ Was bedeuten sie mir heute?

„Man hat's nicht leicht, aber leicht hat's einen!“ lautet ein recht pessimistisches Sprichwort, das gleichzeitig aber auch auf folgendes hinweist: Schwierigkeiten werden im Leben immer auftauchen, ein Leben ohne Schwierigkeiten gibt es nicht. Es kommt also darauf an, was man daraus macht.

Dieser Arbeitsbogen hat engen Bezug zum lösungsfokussierten Ansatz, zur Resilienz und zu folgenden anderen Arbeitsbögen:
Arbeitsbogen 3: Schöne Situationen
Arbeitsbogen 6: Widerstandsfähigkeit, Teil 1
Arbeitsbogen 8: Trauer
Arbeitsbogen 9: Angst
Arbeitsbogen 10: Ärger
Arbeitsbogen 11: Scham und Schuld
Arbeitsbogen 25: Verbesserungen

<u>Notizen:</u>

Arbeitsbogen 7 Schwierige Situationen

1. Welche waren drei der schwierigsten Situationen in Ihrem Leben?

   a) ______________________________

   b) ______________________________

   c) ______________________________

2. Wie haben Sie es geschafft, diese schwierigen Situationen überhaupt auszuhalten und zu überstehen? Was genau haben Sie dazu getan?

3. Was haben Sie selbst in diesen Situationen dazu beigetragen, dass es nicht noch schlimmer wurde? Was genau haben Sie dazu getan?

4. Was haben Sie selbst dazu beigetragen, dass sich die Lage nach diesen schwierigen Situationen wieder verbessern konnte? Was genau haben Sie dazu getan?

5. Welche Ihrer Fähigkeiten und Fertigkeiten haben Sie selbst dazu genutzt, um diese schwierigen Situationen auszuhalten oder sogar zu verbessern? Welche Ihrer persönlichen Eigenschaften haben Ihnen dabei geholfen?

4.3 Trauer

Arbeitsbogen 8, Trauer, befasst sich mit dem Gefühl, schmerzlich betrübt zu sein. Meist geht es hierbei um seelischen Schmerz über einen Verlust oder ein Unglück. Verwandte Themen, die durch diesen Arbeitsbogen berührt werden, sind zum Beispiel:

- ✔ Wofür war die Trauer in meinem Leben nützlich?
- ✔ Wobei war sie hinderlich?
- ✔ Was war nützlich, um mit der Trauer klar zu kommen?
- ✔ Was bereitete mir seelischen Schmerz?
- ✔ Welche waren die traurigsten Erlebnisse in meinem Leben?
- ✔ Was bedeuteten mir diese Erlebnisse damals?
- ✔ Was bedeuten sie mir heute?

Den Kopf hängen lassen oder die Augen niederschlagen sind typische Trauergebärden des Menschen. Trauer ist, wie alle anderen Gefühle, eine Ressource, die genutzt werden kann, ohne dass man ihr dazu ausweichen müsste.

Dieser Arbeitsbogen hat engen Bezug zum lösungsfokussierten Ansatz, zur Resilienz und zu folgenden anderen Arbeitsbögen:
Arbeitsbogen 6: Widerstandsfähigkeit, Teil 1
Arbeitsbogen 9: Angst
Arbeitsbogen 10: Ärger
Arbeitsbogen 11: Scham und Schuld
Arbeitsbogen 15: Widerstandsfähigkeit, Teil 2
Arbeitsbogen 25: Verbesserungen

<u>Notizen:</u>

Arbeitsbogen 8 Trauer

1. Bei welchen Erlebnissen haben Sie in Ihrem Leben folgende (unten genannte) Gefühle erlebt? Nennen Sie bitte pro Gefühl ein konkretes Beispiel. Wie haben Sie das jeweilige Erlebnis ausgehalten, überstanden und bewältigt? Was genau haben Sie jeweils dazu getan? Welche Ihrer Fähigkeiten haben Sie dabei genutzt? Welche Ihrer persönlichen Eigenschaften haben Ihnen dabei geholfen?

   a) Kummer

   b) Enttäuschung

   c) Einsamkeit

   d) Hoffnungslosigkeit

   e) Verzweiflung

   f) Heimweh

   g) Schwermut

   h) Trübsinn

   i) Trauer

   j) Niedergeschlagenheit

2. Welche traurigen Gefühle fallen Ihnen noch ein? An welche dazu passenden Erlebnisse aus Ihrem eigenen Leben erinnern Sie sich dabei? Wie haben Sie diese Erlebnisse ausgehalten, überstanden und bewältigt? Was genau haben Sie dazu getan? Welche Ihrer Fähigkeiten haben Sie dabei genutzt? Welche Ihrer persönlichen Eigenschaften haben Ihnen dabei geholfen?

4.4 Angst

Arbeitsbogen 9, Angst, befasst sich mit allem, was jemandem Bange machen kann. Enge und Beklemmung im Brustbereich gehen auf der körperlichen Ebene häufig damit einher. Verwandte Themen, die durch diesen Arbeitsbogen berührt werden, sind zum Beispiel:

- ✔ Wofür war die Angst in meinem Leben nützlich?
- ✔ Wobei war sie hinderlich?
- ✔ Worüber geriet ich leicht in Besorgnis?
- ✔ War ich früher ängstlicher als heute oder ist es eher umgekehrt?
- ✔ Welche waren die beängstigendsten Erlebnisse in meinem Leben?
- ✔ Was bedeuteten mir diese Erlebnisse damals?
- ✔ Was bedeuten sie mir heute?

Angst kann dem Körper Energie zur Verfügung stellen, die sich auf verschiedene Arten nutzen lässt. Flucht, Kampf und Sich-tot-stellen sind typische Angstreaktionen. Sie können genutzt werden, um schwierige Situationen zu bewältigen.

Dieser Arbeitsbogen hat engen Bezug zum lösungsfokussierten Ansatz, zur Resilienz und zu folgenden anderen Arbeitsbögen:
Arbeitsbogen 6: Widerstandsfähigkeit, Teil 1
Arbeitsbogen 8: Trauer
Arbeitsbogen 10: Ärger
Arbeitsbogen 11: Scham und Schuld
Arbeitsbogen 15: Widerstandsfähigkeit, Teil 2
Arbeitsbogen 25: Verbesserungen

<u>Notizen:</u>

Arbeitsbogen 9 Angst

1. Bei welchen Erlebnissen haben Sie in Ihrem Leben folgende (unten genannte) Gefühle erlebt? Nennen Sie bitte pro Gefühl ein konkretes Beispiel. Wie haben Sie das jeweilige Erlebnis ausgehalten, überstanden und bewältigt? Was genau haben Sie jeweils dazu getan? Welche Ihrer Fähigkeiten haben Sie dabei genutzt? Welche Ihrer persönlichen Eigenschaften haben Ihnen dabei geholfen?

   a) Sorge

   b) Furcht

   c) Panik

   d) Unruhe

   e) Angst

   f) Nervosität

   g) Entsetzen

   h) Befürchtung

   i) Besorgnis

   j) Schrecken

2. Welche Angst-Gefühle fallen Ihnen noch ein? An welche dazu passenden Erlebnisse aus Ihrem eigenen Leben erinnern Sie sich dabei? Wie haben Sie diese Erlebnisse ausgehalten, überstanden und bewältigt? Was genau haben Sie dazu getan? Welche Ihrer Fähigkeiten haben Sie dabei genutzt? Welche Ihrer persönlichen Eigenschaften haben Ihnen dabei geholfen?

4.5 Ärger

Arbeitsbogen 10, Ärger, befasst sich mit allem, was jemanden zum Toben und Wüten bringen kann. Es geht also um Situationen, in denen man manchmal vor Wut rasen oder schreien könnte. Verwandte Themen, die durch diesen Arbeitsbogen berührt werden, sind zum Beispiel:

- ✔ Wofür war der Ärger in meinem Leben nützlich?
- ✔ Wobei war er hinderlich?
- ✔ Was konnte mich leicht ärgerlich machen?
- ✔ Worauf reagiere ich gelassen, obwohl es mich ärgerlich machen könnte?
- ✔ Welche waren die ärgerlichsten Situationen in meinem Leben?
- ✔ Was bedeuteten mir diese Situationen damals?
- ✔ Was bedeuten sie mir heute?

Genau wie bei den anderen Fragebögen zu den Gefühlen, geht es auch hier nicht darum, dem Gefühl auszuweichen, sondern es zu erforschen. Ärger kann, ähnlich wie Angst, erhebliche Mengen Energie freisetzen, die sich nutzen lassen.

Dieser Arbeitsbogen hat engen Bezug zum lösungsfokussierten Ansatz, zur Resilienz und zu folgenden anderen Arbeitsbögen:
Arbeitsbogen 6: Widerstandsfähigkeit, Teil 1
Arbeitsbogen 8: Trauer
Arbeitsbogen 9: Angst
Arbeitsbogen 11: Scham und Schuld
Arbeitsbogen 15: Widerstandsfähigkeit, Teil 2
Arbeitsbogen 25: Verbesserungen

Notizen:

Arbeitsbogen 10 Ärger

1. Bei welchen Erlebnissen haben Sie in Ihrem Leben folgende (unten genannte) Gefühle erlebt? Nennen Sie bitte pro Gefühl ein konkretes Beispiel. Wie haben Sie das jeweilige Erlebnis ausgehalten, überstanden und bewältigt? Was genau haben Sie jeweils dazu getan? Welche Ihrer Fähigkeiten haben Sie dabei genutzt? Welche Ihrer persönlichen Eigenschaften haben Ihnen dabei geholfen?

   a) Missmut

   b) Ärger

   c) Bitterkeit

   d) Hass

   e) Verachtung

   f) Gehässigkeit

   g) Zorn

   h) Verärgerung

   i) Wut

   j) Groll

2. Welche Ärger-Gefühle fallen Ihnen noch ein? An welche dazu passenden Erlebnisse aus Ihrem eigenen Leben erinnern Sie sich dabei? Wie haben Sie diese Erlebnisse ausgehalten, überstanden und bewältigt? Was genau haben Sie dazu getan? Welche Ihrer Fähigkeiten haben Sie dabei genutzt? Welche Ihrer persönlichen Eigenschaften haben Ihnen dabei geholfen?

4.6 Scham und Schuld

Arbeitsbogen 11, Scham und Schuld, befasst sich mit Peinlichkeiten und Schuldgefühlen. Sie werden häufig als sehr unangenehm empfunden und daher oft vermieden. Verwandte Themen, die durch diesen Arbeitsbogen berührt werden, sind zum Beispiel:

- ✔ Wofür waren Scham- und Schuldgefühle in meinem Leben nützlich?
- ✔ Wobei waren sie hinderlich?
- ✔ Was ließ mir die Schamröte ins Gesicht steigen?
- ✔ Wofür fühlte ich mich schuldig?
- ✔ Welche waren die peinlichsten oder schuldvollsten Erlebnisse in meinem Leben?
- ✔ Was bedeuteten mir diese Erlebnisse damals?
- ✔ Was bedeuten sie mir heute?

Scham und Schuld werden häufig noch mehr vermieden als Trauer, Angst und Ärger. Jedoch gilt auch hier: Die Erforschung dieser Gefühle kann Ressourcen zutage fördern und nutzbar machen.

Dieser Arbeitsbogen hat engen Bezug zum lösungsfokussierten Ansatz, zur Resilienz und zu folgenden anderen Arbeitsbögen:
Arbeitsbogen 6: Widerstandsfähigkeit, Teil 1
Arbeitsbogen 8: Trauer
Arbeitsbogen 9: Angst
Arbeitsbogen 10: Ärger
Arbeitsbogen 15: Widerstandsfähigkeit, Teil 2
Arbeitsbogen 25: Verbesserungen

<u>Notizen:</u>

Arbeitsbogen 11 Scham und Schuld

1. Bei welchen Erlebnissen haben Sie in Ihrem Leben folgende (unten genannte) Gefühle erlebt? Nennen Sie bitte pro Gefühl ein konkretes Beispiel. Wie haben Sie das jeweilige Erlebnis ausgehalten, überstanden und bewältigt? Was genau haben Sie jeweils dazu getan? Welche Ihrer Fähigkeiten haben Sie dabei genutzt? Welche Ihrer persönlichen Eigenschaften haben Ihnen dabei geholfen?

    a) Scham

    b) Bedauern

    c) Verlegenheit

    d) Reue

    e) Demütigung

    f) Beleidigung

    g) Kränkung

    h) Schuldgefühl

    i) Gewissensbisse

2. Welche Scham- und Schuldgefühle fallen Ihnen noch ein? An welche dazu passenden Erlebnisse aus Ihrem eigenen Leben erinnern Sie sich dabei? Wie haben Sie diese Erlebnisse ausgehalten, überstanden und bewältigt? Was genau haben Sie dazu getan? Welche Ihrer Fähigkeiten haben Sie dabei genutzt? Welche Ihrer persönlichen Eigenschaften haben Ihnen dabei geholfen?

5. Modul 3: Perspektiven entwickeln Ausblicke auf die Zukunft wagen

Angenommen, jemand würde einen Film über Ihre Zukunft drehen mit dem Titel „Perspektiven"! Dieser Film würde von zahlreichen Dingen und Erlebnissen handeln, die in Ihrer Zukunft auftauchen oder geschehen könnten. Er würde also von verschiedenen Perspektiven beim Ausblick auf Ihre Zukunft handeln.

- ✔ Wie würde dieser Film anfangen?
- ✔ Wenn Sie den Produktionsleiter oder Regisseur bei der Produktion beraten würden: Was würden Sie ihm sagen?
- ✔ Welche Erlebnisse sollte der Film auf alle Fälle enthalten? Welche dürften auf gar keinen Fall fehlen?
- ✔ Welche Erlebnisse sollten lieber nicht in dem Film vorkommen? Was sollte nicht geschehen? Und was sollte zwar in Zukunft geschehen, aber nicht in dem Film gezeigt werden?
- ✔ Würde es eher ein kurzer oder ein langer Film werden? Wie lang wäre er? Zehn Minuten oder mehrere Stunden? Welche Schauspieler würden Sie auswählen? Welche Spezialeffekte würden Sie an welchen Stellen einfügen? Wäre der Film jugendfrei? Welche Altersbeschränkung sollte er haben?
- ✔ Welche alternativen Titel fallen Ihnen zu demselben Thema ein? Wie könnte der Film bei gleichem Inhalt sonst noch heißen?
- ✔ Wie wäre das Ende dieses Films?
- ✔ ... und was fällt Ihnen noch alles dazu ein?

Aus dieser Idee des Film-Produzierens lassen sich viele weitere Fragen und Geschichten zur Erarbeitung und Besprechung der Arbeitsbögen 12 bis 21 ableiten.

Um einen möglichst vielfältigen Film zu erhalten, kann es sehr hilfreich sein, sich für mehrere Sequenzen des Films Alternativen einfallen zu lassen. Ein alternativer Anfang und ein alternatives Ende könnten eventuell die Bedeutung des ganzen Films verändern. Ebenso könnten alternative Zwischensequenzen unterschiedliche Akzente setzen.[46]

Bei der Entwicklung von Zielen, die in diesem Kapitel bereits eine wichtige Rolle spielen, kann es hilfreich sein, ein Pflichtprogramm und ein Kürprogramm, ähnlich wie beim Eiskunstlauf, zu durchlaufen:[47]

Das *Pflichtprogramm* beinhaltet:

- ✔ Das Ziel sollte *positiv formuliert* sein, das heißt, es sollte *keine Verneinungen* enthalten. Falls es doch Verneinungen enthält, wie z.B. der Satz „Ich will *nicht mehr* rauchen", dann kann man mit „Was soll *stattdessen* passieren?" oder „Was wollen Sie *stattdessen* (*anstatt* zu rauchen) tun?" weiterfragen.

- ✔ Das Ziel soll *konkret* sein. „Angenommen, wir würden Sie nach Erreichung des Zieles im Fernsehen sehen: Woran *genau* könnten wir *ganz konkret im Einzelnen* erkennen, dass Sie Ihr Ziel erreicht haben?" kann hierbei eine hilfreiche Frage sein.

- ✔ Die Zielerreichung sollte *unter der Kontrolle des Betroffenen* liegen. „Im Lotto gewinnen" gehört daher zum Beispiel nicht in diese Kategorie und kann hinterfragt werden mit Fragen wie: „Ist das etwas, das Sie *wirklich tun* könnten? Wenn ja, was lässt Sie das meinen?" und „Was passiert *zur Zeit ganz konkret in Ihrem Leben*, das Ihnen sagt, dass Sie Ihr Ziel *erreichen können* (oder dass Ihr Ziel *realisierbar* ist)?"

- ✔ Die Folgen der Erreichung des Zieles sollten *dem Betroffenen wichtig* sein.

Zur *Kür* gehört:

- ✔ Das Ziel sollte *möglichst klein* sein. *Vizelösungen*[48] sind o.k.

- ✔ Das Ziel sollte eher *den Beginn von etwas* beschreiben und nicht das Ende von etwas.

Und nun: Viel Erfolg bei den Ausblicken auf die Zukunft!

5.1 Zufriedenheit, Teil 2

Arbeitsbogen 12, Zufriedenheit, Teil 2, befasst sich damit, Ziele zu entwickeln für kurz-, mittel- und langfristige Planungen. Ausgangspunkt dafür ist alles, was einen zum gegenwärtigen Zeitpunkt zufrieden macht bzw. womit man zufrieden ist. Verwandte Themen, die durch diesen Arbeitsbogen berührt werden, sind zum Beispiel:

- ✔ Wann und wie erlebe ich Zufriedenheit?
- ✔ Was baut mich auf oder gibt mir Hoffnung?
- ✔ Wann gelingt es mir, den Tag zu genießen?
- ✔ Wann schaue ich frohen Mutes in die Zukunft?
- ✔ In welchen Situationen war ich bisher am zufriedensten?
- ✔ Was bedeuteten mir diese Situationen damals?
- ✔ Was bedeuten sie mir heute?

Alle die Dinge, mit denen man im Alltag zufrieden ist, können wichtige Hinweise darauf liefern, welche Ziele für das eigene Leben besonders lohnenswert sein könnten. Vor allem in schwierigen Lebenssituationen wird eine sinnvolle Zukunftsplanung manchmal erst möglich durch den Blick auf das, womit man hier und jetzt zufrieden ist.

Dieser Arbeitsbogen hat engen Bezug zum lösungsfokussierten Ansatz, zur Motivierenden Gesprächsführung und zu folgenden anderen Arbeitsbögen:
Arbeitsbogen 1: Bewahrenswertes
Arbeitsbogen 2: Zufriedenheit, Teil 1
Arbeitsbogen 3: Schöne Situationen
Arbeitsbogen 4: Freudige Erlebnisse
Arbeitsbogen 5: Liebevolle Erlebnisse
Arbeitsbogen 13: Zehnjahresplan
Arbeitsbogen 14: Lebensbereiche

<u>Notizen:</u>

Arbeitsbogen 12 Zufriedenheit, Teil 2

1. Was ist gestern oder heute passiert, womit Sie zufrieden sind?

2. Was können Sie heute oder morgen dafür tun, dass die Wahrscheinlichkeit steigt, dass sich das wiederholt?

3. Welche Ziele könnten sich daraus ergeben?

   a) Kurzfristig (für die nächsten Tage)?

   b) Mittelfristig (für die nächsten Wochen und Monate)?

   c) Langfristig (für die nächsten Jahre und Jahrzehnte)?

5.2 Zehnjahresplan

Arbeitsbogen 13, Zehnjahresplan, befasst sich mit dem Entwickeln von Perspektiven für die nächsten zehn Jahre. Die Abstufung in verschiedene Zeiträume kann die Erarbeitung dieses Planes erleichtern und überschaubarer machen. Verwandte Themen, die durch diesen Arbeitsbogen berührt werden, sind zum Beispiel:

- ✔ Welche Pläne möchte ich in den kommenden 10 Jahren verwirklichen?
- ✔ Wann hat mir die Erarbeitung eines Planes schon einmal geholfen?
- ✔ Was möchte ich lieber nicht planen, sondern einfach auf mich zukommen lassen?
- ✔ Wie kann ich die Ergebnisse früherer Pläne für die Zukunft nutzen?
- ✔ Welche Pläne konnte ich bisher nicht verwirklichen?
- ✔ Was habe ich daraus gelernt?

Gerade bei der Erstellung längerfristiger Pläne kann es hilfreich sein, vom Ende des betrachteten Zeitraumes auszugehen, da sich viele Schritte und Zwischenziele erst aus dem Fernziel ergeben.

Dieser Arbeitsbogen hat engen Bezug zum lösungsfokussierten Ansatz, zur Motivierenden Gesprächsführung und zu folgenden anderen Arbeitsbögen:
Arbeitsbogen 1: Bewahrenswertes
Arbeitsbogen 12: Zufriedenheit, Teil 2
Arbeitsbogen 14: Lebensbereiche
Arbeitsbogen 20: Ziel-Spiel
Arbeitsbogen 23: Veränderungsplan
Arbeitsbogen 24: Schritt für Schritt vorankommen

<u>Notizen:</u>

Arbeitsbogen 13 Zehnjahresplan

1. Wählen Sie bitte **einen** der folgenden Lebensbereiche aus, um ihn anschließend näher zu betrachten (bitte ankreuzen):

   a) Arbeit / Schule / Ausbildung
   b) Beziehungen
   c) Gesundheit
   d) Entwickeln von Lebensperspektiven
   e) Erfüllung und Lebenssinn
   f) Sonstiges, und zwar (bitte eintragen): ______________________________

2. Was soll in dem ausgewählten Bereich in 10 Jahren passieren? Wie soll Ihr Leben in 10 Jahren in diesem Bereich aussehen?

3. Was soll in dem ausgewählten Bereich in 5 Jahren passieren? Wie soll Ihr Leben in 5 Jahren in diesem Bereich aussehen?

4. Was soll in dem ausgewählten Bereich in 2 Jahren passieren? Wie soll Ihr Leben in 2 Jahren in diesem Bereich aussehen?

5. Was soll in dem ausgewählten Bereich in einem Jahr passieren? Wie soll Ihr Leben in einem Jahr in diesem Bereich aussehen?

6. Was soll in dem ausgewählten Bereich in 6 Monaten passieren? Wie soll Ihr Leben in 6 Monaten in diesem Bereich aussehen?

7. Was soll in dem ausgewählten Bereich in 3 Monaten passieren? Wie soll Ihr Leben in 3 Monaten in diesem Bereich aussehen?

8. Was soll in dem ausgewählten Bereich in einem Monat passieren? Wie soll Ihr Leben in einem Monat in diesem Bereich aussehen?

5.3 Lebensbereiche

Arbeitsbogen 14, Lebensbereiche, befasst sich mit dem Entwickeln von Perspektiven in verschiedenen Lebensbereichen. Er verwendet sogenannte Skalen (von Null bis Zehn), um unter anderem den Grad der Zielerreichung deutlich zu machen. Verwandte Themen, die durch diesen Arbeitsbogen berührt werden, sind zum Beispiel:

- ✔ Welche Lebensbereiche entwickeln sich zur Zeit positiv?
- ✔ Welche Fähigkeiten nutze ich in verschiedenen Lebensbereichen?
- ✔ Wie könnte ich diese Fähigkeiten auf andere Bereiche übertragen?
- ✔ Welche Lebensbereiche sind mir zur Zeit besonders wichtig?

Die Unterteilung des Lebens in verschiedene Bereiche kann dabei helfen, große Schwierigkeiten in kleine Teile zu zergliedern, die dann leichter zu bewältigen sind. Dies kann auch deutlich machen, dass das Leben selten in allen Bereichen in eine Richtung geht, sondern, dass sich verschiedene Bereiche oft unterschiedlich und in verschiedene Richtungen entwickeln.

Dieser Arbeitsbogen hat engen Bezug zum lösungsfokussierten Ansatz, zum Case Management und zu folgenden anderen Arbeitsbögen:
Arbeitsbogen 12: Zufriedenheit, Teil 2
Arbeitsbogen 13: Zehnjahresplan
Arbeitsbogen 15: Widerstandsfähigkeit, Teil 2
Arbeitsbogen 20: Ziel-Spiel
Arbeitsbogen 22: Problemlösestrategien
Arbeitsbogen 23: Veränderungsplan
Arbeitsbogen 24: Schritt für Schritt vorankommen
Arbeitsbogen 25: Verbesserungen

<u>Notizen:</u>

Arbeitsbogen 14 Lebensbereiche

1. Wählen Sie bitte aus den nachfolgend genannten Lebensbereichen **einen** aus, den Sie näher betrachten wollen (bitte ankreuzen):

O Körperlicher Zustand, O Psychischer Zustand, O Konsumverhalten,
O Partnerschaft / Ehe, O Beziehungen zu anderen Menschen,
O Wohnsituation, O Arbeitssituation / Ausbildung / Schule,
O Finanzielle Situation, O Freizeitgestaltung, O Rechtliche Situation,

O Sonstiges, und zwar (bitte eintragen): ______________________________

Kreuzen Sie bitte unten in den Skalen von Null (0) bis Zehn (10) Ihre persönliche Einschätzung der jeweiligen Fähigkeit oder des Zustandes an. Null bedeutet sehr geringe Fähigkeit oder sehr schlechter Zustand. Zehn bedeutet sehr hohe Fähigkeit oder sehr guter Zustand.

Skala A kennzeichnet den jetzigen Stand. Skala B kennzeichnet den Wert, den Sie für erstrebenswert halten. Wert B soll für Sie sinnvoll und erreichbar sein.

Beantworten Sie die beiden darauffolgenden Fragen dann bitte möglichst genau und konkret.

2. Wie gut ist Ihr Zustand bzw. wie gut sind Ihre Fähigkeiten in dem von Ihnen ausgewählten oben genannten Bereich?

A) Jetziger Stand: 0 1 2 3 4 5 6 7 8 9 10

B) Angestrebtes Ziel: 0 1 2 3 4 5 6 7 8 9 10

3. Woran würde ein Fortschritt von Wert A (jetziger Stand) in Richtung auf Wert B (angestrebtes Ziel) für Sie konkret erkennbar sein?

4. Falls ein Fortschritt nicht möglich oder nicht realistisch erscheint (falls Wert B also kleiner oder gleich Wert A ist), beschreiben Sie bitte kurz, wie Sie diesen Umstand positiv nutzen oder bewältigen könnten:

5.4 Widerstandsfähigkeit, Teil 2

Arbeitsbogen 15, Widerstandsfähigkeit, Teil 2, befasst sich mit dem Entwickeln von Perspektiven in bezug auf persönliche Fähigkeiten zur Zähigkeit gegenüber Schwierigkeiten. Verwandte Themen, die durch diesen Arbeitsbogen berührt werden, sind zum Beispiel:

- ✔ Welche Widerstands-Fähigkeiten benutze ich häufig?
- ✔ Welche könnte ich manchmal mehr gebrauchen?
- ✔ Welche haben mir in meinem Leben besonders gut geholfen?
- ✔ Was bedeuteten mir diese Fähigkeiten früher?
- ✔ Was bedeuten sie mir heute?

Das Erarbeiten eines bewussten Zugangs zu den eigenen Widerstands-Fähigkeiten kann sehr nützlich dabei sein, die Selbstwirksamkeitserwartung zu fördern. Der damit verbundene Glaubenssatz „Alles, was mit Dir in Ordnung ist, ist bestimmt stärker als alles, was mit Dir nicht in Ordnung sein könnte!“ ist nicht nur beim Bewältigen aktueller Schwierigkeiten hilfreich, sondern auch beim Entwickeln längerfristiger Zukunftsperspektiven.

Dieser Arbeitsbogen hat engen Bezug zur Resilienz, zum lösungsfokussierten Ansatz und zu folgenden anderen Arbeitsbögen:
Arbeitsbogen 1: Bewahrenswertes
Arbeitsbogen 2: Zufriedenheit, Teil 1
Arbeitsbogen 3: Schöne Situationen
Arbeitsbogen 6: Widerstandsfähigkeit, Teil 1
Arbeitsbogen 7: Schwierige Situationen
Arbeitsbogen 13: Zehnjahresplan
Arbeitsbogen 21: Ziele-Matrix
Arbeitsbogen 25: Verbesserungen

<u>Notizen:</u>

Arbeitsbogen 15 Widerstandsfähigkeit, Teil 2

1. Wie stark ausgeprägt sind Ihre unten genannten Widerstandsfähigkeiten? Auf einer Skala von Null (0) bis Zehn (10): Wenn Null „sehr schwach ausgeprägt" und Zehn „sehr stark ausgeprägt" bedeuten würde, welchen Wert würden Sie für die jeweilige Fähigkeit oder Eigenschaft geben? (Tragen Sie den jeweiligen Wert bitte in die rechte Spalte neben der jeweiligen Fähigkeit bzw. Eigenschaft ein!)

Fähigkeit / Eigenschaft	**Wie stark ausgeprägt? (0 bis 10)**
a) **Sozialkompetenz und Kontaktfreudigkeit** – Beziehungen aufbauen, gestalten und aufrechterhalten können	
b) **Einfühlungsvermögen** – Menschen und Situationen einfühlsam verstehen können	
c) **Unabhängigkeit und Selbständigkeit** – Sich z.B. von schädigenden Menschen und Situationen distanzieren können	
d) **Humor** – Einen Sinn für Humor haben und gerne lachen	
e) **Selbstwirksamkeitsüberzeugungen** – Vertrauen darin haben, dass man Dinge selbst regeln kann	
f) **Optimismus** – Eine positive Sicht der Zukunft haben und eine positive Zukunft erwarten	
g) **Zielorientierung** – Sich eigene Ziele setzen und sie angehen können	
h) **Hohes Selbstwertgefühl** – Ein hohes Gefühl des eigenen inneren Wertes und Selbstvertrauen haben	
i) **Durchhaltevermögen** – Trotz Schwierigkeiten weitermachen können, nicht aufgeben, Ausdauer und „Biss" haben	
j) **Flexibilität und Anpassungsfähigkeit** – Sich auf Veränderungen einstellen und sich ihnen anpassen können, sowie mit neuen Situationen etwas gutes anfangen können	
k) **Lernbegeisterung** – Gerne lernen und Engagement beim Lernen zeigen können	
l) **Religion, Glaube oder Spiritualität** – Vertrauen in etwas haben, das über einen selbst hinausgeht, sowie ein Gefühl oder Gespür für den Sinn des eigenen Lebens haben	

2. Angenommen, in der heutigen Nacht würde ein Wunder geschehen, und jede der oben genannten Fähigkeiten oder Eigenschaften würde sich auf der Skala jeweils um einen Wert nach oben bewegen (also z.B. von „6" auf „7"): Was würden Sie bezüglich jeder einzelnen Fähigkeit bzw. Eigenschaft dann jeweils anders machen? (Nennen Sie bitte konkrete Beispiele!)

5.5 Entscheidungswaage

Arbeitsbogen 16, Entscheidungswaage, befasst sich mit dem Abwägen verschiedener Seiten zweier Handlungsmöglichkeiten. Er beinhaltet eine Kosten-Nutzen-Analyse bei Entscheidungen. Verwandte Themen, die durch diesen Arbeitsbogen berührt werden, sind zum Beispiel:

- ✔ Welche waren bisher meine bewusstesten Entscheidungen?
- ✔ Inwiefern war es hilfreich, diese Entscheidungen so bewusst zu treffen?
- ✔ Welche waren bisher meine schwierigsten Entscheidungen?
- ✔ Wie sah und beurteilte ich diese Entscheidungen damals?
- ✔ Wie sehe und beurteile ich diese Entscheidungen heute?

Um Entscheidungen bewusst treffen zu können, kann es hilfreich sein, die Vor- und Nachteile der verschiedenen Möglichkeiten genau zu betrachten. Auch die Zeitperspektive dabei genau im Blick zu haben, kann sehr nützlich sein, denn, was kurzfristig sehr positiv sein kann, kann eventuell langfristig sehr negative Konsequenzen haben und umgekehrt.

Dieser Arbeitsbogen hat engen Bezug zur Motivierenden Gesprächsführung und zu folgenden anderen Arbeitsbögen:
Arbeitsbogen 13: Zehnjahresplan
Arbeitsbogen 14: Lebensbereiche
Arbeitsbogen 17: Wichtigkeit
Arbeitsbogen 18: Zuversicht
Arbeitsbogen 19: Bereitschaft
Arbeitsbogen 21: Ziele-Matrix
Arbeitsbogen 23: Veränderungsplan

<u>Notizen:</u>

Arbeitsbogen 16 Entscheidungswaage

Gegenwärtiger Zustand / Status Quo / Möglichkeit Nr. 1 (kurz benennen oder beschreiben):	**Veränderung / Alternative / Möglichkeit Nr. 2** (kurz benennen oder beschreiben):
Vorteile, Nutzen, Angenehmes: *Kurzfristig:* *Mittelfristig:* *Langfristig:*	***Vorteile, Nutzen, Angenehmes:*** *Kurzfristig:* *Mittelfristig:* *Langfristig:*
Nachteile, Kosten, Unangenehmes: *Kurzfristig:* *Mittelfristig:* *Langfristig:*	***Nachteile, Kosten, Unangenehmes:*** *Kurzfristig:* *Mittelfristig:* *Langfristig:*

Ergänzungen:

5.6 Wichtigkeit

Arbeitsbogen 17, Wichtigkeit, befasst sich mit der Bedeutsamkeit eventuell anstehender oder bereits geplanter Veränderungen. Es geht hierbei also um das, was an der Veränderung wesentlich ist und Gewicht hat oder ins Gewicht fällt. Verwandte Themen, die durch diesen Arbeitsbogen berührt werden, sind zum Beispiel:

- ✔ Was bedeutet mir die Veränderung?
- ✔ Wie wichtig ist sie mir?
- ✔ Warum ist sie mir so wichtig?
- ✔ Was wird nach der Veränderung alles anders sein, als es jetzt ist?
- ✔ Welche waren bisher die wichtigsten Veränderungen in meinem Leben?
- ✔ Wie sah und beurteilte ich diese Veränderungen damals?
- ✔ Wie sehe und beurteile ich sie heute?

Die Wichtigkeit einer eventuell anstehenden oder bereits geplanten Veränderung zu erforschen, kann dabei helfen, die Motivation zu fördern, aktiv etwas für die Veränderung zu tun. Es kann aber auch deutlich machen, welche Faktoren eventuell (noch) gegen die Veränderung sprechen.

Dieser Arbeitsbogen hat engen Bezug zur Motivierenden Gesprächsführung und zu folgenden anderen Arbeitsbögen:
Arbeitsbogen 12: Zufriedenheit, Teil 2
Arbeitsbogen 13: Zehnjahresplan
Arbeitsbogen 14: Lebensbereiche
Arbeitsbogen 16: Entscheidungswaage
Arbeitsbogen 18: Zuversicht
Arbeitsbogen 19: Bereitschaft
Arbeitsbogen 23: Veränderungsplan

<u>Notizen:</u>

Arbeitsbogen 17 Wichtigkeit

1. Mit welcher Veränderung wollen Sie sich befassen?

2. Wie wichtig ist Ihnen diese Veränderung? Auf einer Skala von Null (0) bis Zehn (10): Wenn Null „völlig unwichtig“ und Zehn „extrem wichtig“ bedeuten würde, welchen Wert würden Sie geben? (Bitte ankreuzen.)

	0	1	2	3	4	5	6	7	8	9	10	
völlig unwichtig												extrem wichtig

3. Wie kommt es, dass der Wert auf der Skala nicht geringer (kleiner) ist?

4. Was müsste passieren, damit der Wert auf der Skala steigt?

5. Lohnt sich die Veränderung? Wenn ja, inwiefern?

6. Was genau soll sich ändern?

7. Was soll sich dabei nicht verändern?

8. Zu welchem Preis ist die Veränderung zu haben?

9. Wird die Veränderung einen wesentlichen Unterschied machen?
   Wenn ja, welchen?

5.7 Zuversicht

Arbeitsbogen 18, Zuversicht, befasst sich mit dem Vertrauen und der Hoffnung, eine angestrebte Veränderung oder ein Ziel erreichen zu können. Es geht hierbei also unter anderem auch um Selbstwirksamkeitserwartungen. Verwandte Themen, die durch diesen Arbeitsbogen berührt werden, sind zum Beispiel:

- ✔ Wie groß ist meine Zuversicht, das Ziel zu erreichen?
- ✔ Wann fällt es mir leicht, zuversichtlich zu sein?
- ✔ Wann fällt mir das nicht so leicht?
- ✔ Wodurch wird meine Zuversicht gestützt und gefördert?
- ✔ Wann war ich in meinem Leben bisher am zuversichtlichsten?
- ✔ Wie sah und beurteilte ich diese Situationen damals?
- ✔ Wie sehe und beurteile ich sie heute?

Die Zuversicht bezüglich einer eventuell anstehenden oder bereits geplanten Veränderung zu erforschen, kann dabei helfen, die Motivation zu fördern, aktiv etwas für die Veränderung zu tun. Es kann auch deutlich machen, welche Hindernisse vor der Veränderung noch aus dem Weg geräumt werden sollten.

Dieser Arbeitsbogen hat engen Bezug zur Motivierenden Gesprächsführung und zu folgenden anderen Arbeitsbögen:
Arbeitsbogen 12: Zufriedenheit, Teil 2
Arbeitsbogen 13: Zehnjahresplan
Arbeitsbogen 14: Lebensbereiche
Arbeitsbogen 16: Entscheidungswaage
Arbeitsbogen 17: Wichtigkeit
Arbeitsbogen 19: Bereitschaft
Arbeitsbogen 23: Veränderungsplan
Arbeitsbogen 25: Verbesserungen

<u>Notizen:</u>

Arbeitsbogen 18 Zuversicht

1. Mit welcher Veränderung wollen Sie sich befassen?

2. Wie zuversichtlich sind Sie in bezug auf das Erreichen dieser Veränderung? Auf einer Skala von Null (0) bis Zehn (10): Wenn Null „überhaupt nicht zuversichtlich“ und Zehn „extrem zuversichtlich“ bedeuten würde, welchen Wert würden Sie geben? (Bitte ankreuzen.)

	0	1	2	3	4	5	6	7	8	9	10	
überhaupt nicht zuversichtlich												extrem zuversichtlich

3. Wie kommt es, dass der Wert auf der Skala nicht geringer (kleiner) ist?

4. Was müsste passieren, damit der Wert auf der Skala steigt?

5. Können Sie etwas für die Veränderung tun? Wenn ja, was genau?

6. Könnte es dabei Schwierigkeiten geben? Wenn ja, wie werden Sie damit klarkommen?

7. Inwiefern können Sie bei der Veränderung selbst dann Erfolg haben, wenn extrem große Schwierigkeiten auftreten? (Nennen Sie bitte konkrete Beispiele!)

8. Was genau wäre ein erster **kleiner** Schritt, den Sie tun könnten, um sich auf den Weg zu Ihrem Ziel zu machen? Inwiefern wäre dieser erste kleine Schritt hilfreich? Ist das etwas, das Sie wirklich tun könnten? Wenn ja, wie kommen Sie darauf?

9. Wann werden Sie diesen ersten Schritt tun?

5.8 Bereitschaft

Arbeitsbogen 19, Bereitschaft, befasst sich mit der Frage, ob und inwiefern jemand für eine anstehende oder geplante Veränderung gerüstet ist. Es geht also darum, wie „startklar" jemand ist, die „Reise" zu einem Ziel anzutreten. Verwandte Themen, die durch diesen Arbeitsbogen berührt werden, sind zum Beispiel:

- ✔ Ist mir das Ziel wichtig genug, um es selbst aktiv anzustreben?
- ✔ Bin ich zuversichtlich genug, das Ziel erreichen zu können?
- ✔ Wie gut bin ich auf die Folgen der Veränderung vorbereitet?
- ✔ Wann war meine Bereitschaft für Veränderungen bisher am größten?
- ✔ Wie sah und beurteilte ich diese Situationen damals?
- ✔ Wie sehe und beurteile ich sie heute?

Sobald ein Ziel wichtig genug ist, und auch die Zuversicht, es erreichen zu können, groß genug ist, sollten die ersten Schritte zur Erreichung des Zieles geplant und gegangen werden. Werden diese Schritte dann nicht getan, dann sind es entweder die verkehrten Schritte, oder die Wichtigkeit des Zieles oder die Zuversicht, es erreichen zu können, (oder beides) sind (noch) nicht groß genug.

Dieser Arbeitsbogen hat engen Bezug zur Motivierenden Gesprächsführung und zu folgenden anderen Arbeitsbögen:
Arbeitsbogen 12: Zufriedenheit, Teil 2
Arbeitsbogen 13: Zehnjahresplan
Arbeitsbogen 14: Lebensbereiche
Arbeitsbogen 16: Entscheidungswaage
Arbeitsbogen 17: Wichtigkeit
Arbeitsbogen 18: Zuversicht
Arbeitsbogen 23: Veränderungsplan

<u>Notizen:</u>

Arbeitsbogen 19 Bereitschaft

1. Mit welcher Veränderung wollen Sie sich befassen?

2. Wie bereit sind Sie, selbst konkret etwas in Richtung dieser Veränderung zu tun? Auf einer Skala von Null (0) bis Zehn (10): Wenn Null „überhaupt nicht bereit" und Zehn „extrem bereit" bedeuten würde, welchen Wert würden Sie geben? (Bitte ankreuzen.)

	0	1	2	3	4	5	6	7	8	9	10	
überhaupt nicht bereit												extrem bereit

3. Wie kommt es, dass der Wert auf der Skala nicht geringer (kleiner) ist?

4. Was müsste passieren, damit der Wert auf der Skala steigt?

5. Was, glauben Sie, werden Sie in bezug auf die anstehende Veränderung ganz konkret als nächstes tun?

6. Was genau wäre ein erster **kleiner** Schritt, den Sie **hier** und **heute** mit den Ihnen **jetzt** bereits zur Verfügung stehenden Mitteln tun könnten, um sich auf den Weg zu Ihrem Ziel zu machen? Inwiefern wäre dieser erste kleine Schritt hilfreich? Ist das etwas, das Sie wirklich tun könnten? Wenn ja, wie kommen Sie darauf?

7. Sollten Sie diesen Schritt jetzt tun? Wenn ja, warum?

8. Welche weiteren Schritte könnten danach folgen?

9. Gibt es zur Zeit wichtigere Dinge zu tun? Wenn ja, welche?

5.9 Ziel-Spiel

Arbeitsbogen 20, Ziel-Spiel, befasst sich damit, auf spielerische Art und Weise ein sehr genaue und konkrete Vorstellung von einem Ziel zu entwickeln, das jemand erreichen möchte. Es geht dabei auch darum, sich spielerisch möglichst viele Aspekte des Zieles vor Augen zu führen. Verwandte Themen, die durch diesen Arbeitsbogen berührt werden, sind zum Beispiel:

- ✔ Was genau strebe ich an, was genau will ich erreichen?
- ✔ Welche Folgen soll die Erreichung meines Zieles haben?
- ✔ Wie kann ich mir das Ziel spielerisch erarbeiten?
- ✔ Wann konnte ich in meinem Leben am spielerischsten Ziele entwickeln?
- ✔ Wie sah und beurteilte ich diese Situationen damals?
- ✔ Wie sehe und beurteile ich sie heute?

Für die Erarbeitung dieses Arbeitsbogens benötigen Sie einen 6-seitigen Würfel. Durch das Würfeln kommt ein Zufallselement in die Entwicklung der Zielvorstellung hinein, das die Beschäftigung mit dem Ziel spielerischer, leichter und spannender machen kann.

Dieser Arbeitsbogen hat engen Bezug zum lösungsfokussierten Ansatz und zu folgenden anderen Arbeitsbögen:
Arbeitsbogen 12: Zufriedenheit, Teil 2
Arbeitsbogen 13: Zehnjahresplan
Arbeitsbogen 14: Lebensbereiche
Arbeitsbogen 17: Wichtigkeit
Arbeitsbogen 18: Zuversicht
Arbeitsbogen 19: Bereitschaft
Arbeitsbogen 21: Ziele-Matrix
Arbeitsbogen 24: Schritt für Schritt vorankommen

<u>Notizen:</u>

Arbeitsbogen 20 — Ziel-Spiel

1. Was ist Ihr Ziel, was wollen Sie erreichen?

2. Falls Ihr oben genanntes Ziel eine **Verneinung** enthält (z.B. „Ich will **keinen** Alkohol mehr trinken" oder „Ich will **nicht mehr** rauchen"), beantworten Sie bitte folgende Frage: Was soll **stattdessen** passieren oder was wollen Sie **stattdessen** tun (z.B. **anstatt** Alkohol zu trinken oder **anstatt** zu rauchen)?

3. Würfeln Sie nun mit einem 6-seitigen Würfel und beantworten Sie je nach gewürfelter Zahl die entsprechenden Fragen:

Bei Würfelzahl **1**: Wenn Sie Ihr Ziel erreicht haben, was werden Sie dann tun können, das sie vorher nicht tun konnten? Was wird dann außerdem noch anders sein? Was ist für Sie wichtig daran, Ihr Ziel zu erreichen?

Bei Würfelzahl **2**: Angenommen, wir würden Sie an dem Tag, an dem Sie Ihr Ziel erreicht haben, im Fernsehen sehen: Was würden wir dort sehen können, das uns sagen würde, dass Sie Ihr Ziel erreicht haben?

Bei Würfelzahl **3**: Was genau wäre ein erster **kleiner** Schritt, den Sie **hier** und **heute** mit den Ihnen **jetzt** bereits zur Verfügung stehenden Mitteln tun könnten, um sich auf den Weg zu Ihrem Ziel zu machen? Inwiefern wäre dieser erste kleine Schritt hilfreich? Ist das etwas, das Sie wirklich tun könnten? Wenn ja, was lässt Sie das meinen?

Bei Würfelzahl **4**: Wenn Sie Ihr Ziel erreicht haben: Wer außer Ihnen selbst wäre am meisten davon überrascht oder darüber erstaunt, dass Sie es geschafft haben, Ihr Ziel zu erreichen?

Bei Würfelzahl **5**: Wie zuversichtlich sind Sie, Ihr Ziel erreichen zu können? Was passiert zur Zeit in Ihrem Leben, das Ihnen sagt, dass Sie Ihr Ziel erreichen können? Woher wissen Sie, dass Ihr Ziel realisierbar ist?

Bei Würfelzahl **6**: Wenn Sie Ihr Ziel erreicht haben: Wer außer Ihnen selbst würde oder könnte sich am meisten darüber freuen, dass Sie es geschafft haben, Ihr Ziel zu erreichen?

5.10 Ziele-Matrix

Arbeitsbogen 21, Ziele-Matrix, befasst sich mit verschiedenen Blickwinkeln auf ein Problem oder eine Aufgabe. Er dient dabei vor allem der Planung möglicher Ziele und der Wege zur Erreichung dieser Ziele. Verwandte Themen, die durch diesen Arbeitsbogen berührt werden, sind zum Beispiel:

- ✔ Was genau strebt jede einzelne beteiligte Person jeweils an, was genau will sie erreichen, welches Ziel hat sie jeweils?
- ✔ Wie könnten die Wege zu den jeweiligen Zielen aussehen?
- ✔ Auf welche gemeinsamen Ziele und Schritte könnten sich die beteiligten Personen am ehesten einigen?
- ✔ Wann gelang es mir in meinem Leben am besten, gute Kompromisse zu schließen?
- ✔ Wie sah und beurteilte ich diese Situationen damals?
- ✔ Wie sehe und beurteile ich sie heute?

Zur Verhinderung oder Bearbeitung von Spaltungsprozessen oder Konflikten kann es sinnvoll sein, die einzelnen Ziele aller Beteiligten und die jeweiligen Vorstellungen von den Wegen zur Zielerreichung aufzulisten. Dabei können gegenseitige Unterstützungsmöglichkeiten und neue Lösungen sichtbar werden.

Dieser Arbeitsbogen hat engen Bezug zur Motivierenden Gesprächsführung, zum Case Management und zu folgenden anderen Arbeitsbögen:
Arbeitsbogen 1: Bewahrenswertes
Arbeitsbogen 12: Zufriedenheit, Teil 2
Arbeitsbogen 13: Zehnjahresplan
Arbeitsbogen 14: Lebensbereiche
Arbeitsbogen 17: Wichtigkeit

Notizen:

Arbeitsbogen 21 Ziele-Matrix

Anlass: ______________________________

Name, Vorname	Um welches **Ziel** geht es ihm/ihr?	Welche **Mittel/ Methoden** hält er/sie für nütz-lich/angebracht?	Wie sieht er/sie die **Rolle(n) der helfenden Institution(en)**?	Wie stellt er/sie sich den **Weg** zum Ziel vor?

Ergänzungen:

6. Modul 4: Handeln und Erfolgskontrolle Am Anfang war die Tat!

Genau genommen heißt es ja *„Im Anfang war die Tat!“* – zumindest, wenn es ein GOETHE-Zitat sein soll. Es stammt aus Johann Wolfgang von Goethes „Faust – Der Tragödie erster Teil“. Die Hauptperson dieses Dramas, Dr. Faust, sitzt dabei gerade in seinem Studierzimmer und sinnt darüber nach, was denn nun laut dem Evangelium, das er gerade übersetzen will, *„im Anfang“* war. Nachdem ihm *„das Wort“*, *„der Sinn“* und *„die Kraft“* nicht ganz passend erschienen sind, entscheidet er sich schließlich für *„die Tat“* als das, was im Anfang war. Deutlicher kann man die Bedeutung, die dem Tun, Machen oder Handeln zukommt, wohl kaum herausstellen.

In diesem Sinne geht es nun frohen Mutes
an das letzte Modul dieses Buches.

Angenommen, jemand würde mehrere Bilder für eine Bildergalerie über Ihre Zukunft malen mit dem Titel „Schritte“! Diese Bilder würden zahlreiche Dinge zeigen, die Sie in Ihrer Zukunft tun könnten bzw. Schritte, die Sie in Ihrer Zukunft gehen könnten.

- ✔ Was wäre auf dem ersten Bild dieser Galerie zu sehen?
- ✔ Wenn Sie den Maler beim Malen beraten würden: Was würden Sie ihm sagen?
- ✔ Welche Erlebnisse sollte die Bildergalerie auf alle Fälle enthalten? Welche dürften auf gar keinen Fall fehlen?
- ✔ Welche Erlebnisse sollten lieber nicht in den Bildern vorkommen? Was sollte nicht geschehen? Und was sollte zwar in Zukunft geschehen, aber nicht auf den Bildern gezeigt werden?
- ✔ Würde die Galerie eher wenige oder eher viele Bilder enthalten? Wie viele Bilder wären es? Zwei, drei oder gar mehr als hundert? Wären Aquarelle, Ölbilder oder Radierungen dabei? Falls bestimmte Farben vorherrschen würden: Welche Farben wären das?
- ✔ Welche alternativen Titel fallen Ihnen zu demselben Thema ein? Wie könnte die Bildergalerie bei gleichem Inhalt sonst noch heißen?
- ✔ Was wäre auf dem letzten Bild dieser Galerie zu sehen?

✔ ... und was fällt Ihnen noch alles dazu ein?

Aus dieser Idee des Bilder-Malens lassen sich viele weitere Fragen und Geschichten zur Erarbeitung und Besprechung der Arbeitsbögen 22 bis 25 ableiten.

Um eine möglichst vielfältige Bildergalerie zu erhalten, kann es, ähnlich wie bei der Filmproduktion in Kapitel 5, sehr hilfreich sein, sich für mehrere Bilder der Galerie Alternativen einfallen zu lassen. Ein alternativer Anfang und ein alternatives Ende könnten auch hier eventuell die Bedeutung des Ganzen verändern. Ebenso könnten alternative Bilder in der Mitte der Galerie unterschiedliche Akzente setzen.[49]

Alle drei Arbeitsbögen dieses Moduls beinhalten Fragen zur Handlungsplanung und Erfolgskontrolle. Zwischen der Handlungsplanung und der Erfolgskontrolle liegt die Handlungsrealisierung (im Volksmund auch als „Handlung“, „tun“, „handeln“, „machen“ oder „Tat“ bekannt), die sich aus Sicht der Motivationsforschung folgendermaßen beschreiben lässt:[50]

✔ Die handelnde Person richtet ihre Aufmerksamkeit auf alle Informationen, die ihre Absicht zur Realisierung ihres Zieles unterstützen und fördern.

✔ Sie betrachtet aus diesen Informationen wiederum alles das genauer, was ihr Handeln und die Realisierung Ihres Zieles unterstützt und fördert.

✔ Die handelnde Person erzeugt, hegt und pflegt in sich alle die Gefühle, die ihr Handeln zur Erreichung ihres Zieles unterstützen und fördern.

✔ Sie führt sich immer wieder die von ihr gewünschten positiven Folgen der Erreichung des Zieles vor Augen.

✔ Sie fördert und vermehrt in ihrer Umgebung alles, was ihr Handeln zur Zielerreichung unterstützt und fördert; sie verringert oder beseitigt in ihrer Umgebung alles, was ihr Handeln zur Zielerreichung hemmt oder bremst.

✔ Die handelnde Person handelt zügig.

✔ Sie bleibt bei Misserfolgen gelassen und setzt sich neue Ziele, falls sie das ursprüngliche Ziel trotz hohem Einsatz nicht erreicht.

Und nun: Viel Erfolg bei der Handlungsplanung, Handlungsrealisierung und Erfolgskontrolle!

6.1 Problemlösestrategien

Arbeitsbogen 22, Problemlösestrategien, befasst sich unter anderem mit der Frage, ob jemand ein Problem lieber alleine oder mit Hilfe anderer Menschen lösen möchte. Je nachdem, wie diese Entscheidung ausfällt, bieten sich unterschiedliche Strategien zur Lösung des Problems an. Verwandte Themen, die durch diesen Arbeitsbogen berührt werden, sind zum Beispiel:

- ✔ Wann fällt es mir leicht, um Hilfe zu bitten, wenn ich welche brauche?
- ✔ Wann fällt mir das nicht so leicht?
- ✔ Wann finde ich es sinnvoll, Probleme alleine zu lösen?
- ✔ Wann könnte ich auf Hilfe verzichten, die ich bisher gewohnt war?
- ✔ Wie beurteile ich Selbsthilfe im Vergleich zur Hilfe von anderen Menschen?

Vergleicht man die in dem Arbeitsbogen aufgeführten Lösungsstrategien mit dem bisherigen Vorgehen einer Person beim Lösen von Problemen, lassen sich eventuell deutliche Präferenzen für eine der beiden Strategien feststellen. Danach kann es sinnvoll sein, genau zu überlegen, welche positiven Konsequenzen der Ausbau und die Verbesserung der bisher nicht bevorzugten Strategie haben könnte.

Dieser Arbeitsbogen hat engen Bezug zum Case Management und zu folgenden anderen Arbeitsbögen:
Arbeitsbogen 14: Lebensbereiche
Arbeitsbogen 20: Ziel-Spiel
Arbeitsbogen 23: Veränderungsplan
Arbeitsbogen 24: Schritt für Schritt vorankommen
Arbeitsbogen 25: Verbesserungen

<u>Notizen:</u>

Arbeitsbogen 22 — Problemlösestrategien

1.) Worin besteht das Problem?

2.) Wie möchten Sie das Problem lösen?

a) Sie möchten das Problem alleine lösen:	b) Sie möchten das Problem mit Hilfe anderer Menschen lösen:
1. In welche kleinen Teile lässt sich das Problem aufteilen?	1. Wer kann Ihnen (vermutlich) am besten helfen?
2. Welche Teile des Problems wollen Sie angehen?	2. Wen könnten Sie sonst noch alles in die Hilfe und Unterstützung einbinden?
3. Welche einzelnen Schritte könnten dabei hilfreich sein?	3. Was genau wollen Sie vereinbaren?
4. Wie könnte ein genauer Plan zur Verwirklichung dieser Schritte aussehen?	4. Wann wollen Sie die Ergebnisse überprüfen?
5. *Nachdem Sie Ihren Plan zur Lösung des Problems in die Tat umgesetzt haben:* Was ist bei der ganzen Sache herausgekommen? Wie soll es jetzt weitergehen?	5. *Nach Ablauf der vereinbarten Zeit:* Was ist bei der ganzen Sache herausgekommen? Wie soll es jetzt weitergehen?

Ergänzungen:

6.2 Veränderungsplan

Arbeitsbogen 23, Veränderungsplan, befasst sich unter anderem mit der Verbindung von Selbsthilfe und Hilfe durch andere Menschen auf dem Weg zur Erreichung eines Zieles. Manchmal wird die Erreichung eines Zieles erst durch diese Verbindung verschiedener Hilfearten ermöglicht. Verwandte Themen, die durch diesen Arbeitsbogen berührt werden, sind zum Beispiel:

- ✔ Wann fällt es mir leicht, mir verschiedene alternative Ziele zu setzen?
- ✔ Wann hat die Zusammenarbeit mit anderen Menschen oder Institutionen in meinem Leben besonders gut funktioniert?
- ✔ Wie sah und beurteilte ich diese Situationen damals?
- ✔ Wie sehe und beurteile ich sie heute?

Um sich nicht durch Lösungsversuche festzufahren, die nicht funktionieren, kann es sinnvoll sein, sich (vorher) alternative Lösungen auszudenken. Die Entwicklung verschiedener Pläne zur Zielerreichung kann darüber hinaus auch bisher noch nicht beachtete Ressourcen und Möglichkeiten besser sichtbar und nutzbar machen.

Dieser Arbeitsbogen hat engen Bezug zur Motivierenden Gesprächsführung, zum Case Management und zu folgenden anderen Arbeitsbögen:
Arbeitsbogen 12: Zufriedenheit, Teil 2
Arbeitsbogen 13: Zehnjahresplan
Arbeitsbogen 14: Lebensbereiche
Arbeitsbogen 20: Ziel-Spiel
Arbeitsbogen 21: Ziele-Matrix
Arbeitsbogen 24: Schritt für Schritt vorankommen
Arbeitsbogen 25: Verbesserungen

<u>Notizen:</u>

Arbeitsbogen 23 Veränderungsplan

1. Welche Veränderungen oder Verbesserungen wünschen Sie sich? Welche Ziele verfolgen Sie dabei?

2. Welche einzelnen Schritte werden Sie zur Verwirklichung dieser Ziele unternehmen? Woran genau werden Sie dabei ganz konkret erkennen, dass Sie auf dem richtigen Weg sind und Ihren Zielen näher kommen? Welche Zwischenziele gibt es dabei?

3. Bis wann soll jeder einzelne der unter Punkt Nr. 2 genannten Schritte getan sein?

4. Wer oder was kann Ihnen auf welche Art und Weise bei der Verwirklichung dieses Planes helfen?

   a) Welche Personen?

   b) Welche Institutionen?

   c) Wer oder was kann sonst noch helfen?

5. Wie könnten diese Hilfen jeweils genau aussehen?

6. Wie könnten alternative Pläne aussehen, für den Fall, dass dieser Plan nicht funktioniert?

   Plan B:

   Plan C:

7. Überprüfung am (Datum) ____. ____. ____: Was ist als Ergebnis bisher herausgekommen?

8. Nach der Überprüfung des Ergebnisses: Wie soll es jetzt weitergehen?

6.3 Schritt für Schritt vorankommen

Arbeitsbogen 24, Schritt für Schritt vorankommen, befasst sich damit, Ziele in Teilziele und dann in einzelne Schritte zu untergliedern, um so das Gesamtziel in kleinen Schritten nach und nach erreichen zu können. Es geht also um die stufenweise Annäherung an ein Ziel, das man ohne diese Unterteilung (höchstwahrscheinlich) nicht erreichen würde. Verwandte Themen, die durch diesen Arbeitsbogen berührt werden, sind zum Beispiel:

- ✔ Wann gelingt es mir gut, Ziele Schritt für Schritt zu erreichen?
- ✔ Welche Projekte in meinem Leben forderten bisher am meisten Ausdauer?
- ✔ Wie sah und beurteilte ich diese Projekte damals?
- ✔ Wie sehe und beurteile ich sie heute?

Wenn man ein Ziel Schritt für Schritt erreicht hat, wundert man sich manchmal hinterher, dass einem dieses Ziel früher so riesig groß und fast unerreichbar fern vorkam. Ziele in Teilziele und Schritte zu untergliedern kann also unter anderem dabei helfen, genügend Ausdauer zur Zielerreichung zu entwickeln.

Dieser Arbeitsbogen hat engen Bezug zum Case Management und zu folgenden anderen Arbeitsbögen:
Arbeitsbogen 13: Zehnjahresplan
Arbeitsbogen 14: Lebensbereiche
Arbeitsbogen 15: Widerstandsfähigkeit, Teil 2
Arbeitsbogen 20: Ziel-Spiel
Arbeitsbogen 21: Ziele-Matrix
Arbeitsbogen 22: Problemlösestrategien
Arbeitsbogen 23: Veränderungsplan
Arbeitsbogen 25: Verbesserungen

<u>Notizen:</u>

Arbeitsbogen 24 Schritt für Schritt vorankommen

1. Was ist Ihr Ziel? Was wollen Sie erreichen?

2. In welche Teilziele lässt sich das Ziel unterteilen?

3. Welche Schritte ergeben sich aus den Teilzielen? Haben Sie die Schritte getan? Welches Ergebnis hat der jeweilige Schritt gebracht?

a) Planung	**b) Erfolgskontrolle**		
Welche Schritte können Sie heute oder morgen konkret tun, um Ihren Teilzielen näher zu kommen?	Haben Sie es getan? Ja	Nein	Ergebnis des jeweiligen Schrittes:
	O	O	
	O	O	
	O	O	
	O	O	
	O	O	

4. Was ist als Gesamtergebnis bisher herausgekommen?

5. Wie soll es jetzt weitergehen?

6.4 Verbesserungen

Arbeitsbogen 25, Verbesserungen, befasst sich mit Veränderungen in bezug auf ein Ziel oder eine schlechte oder ungünstige Ausgangslage. Es geht dabei hauptsächlich um die Frage, wie man eine schwierige Situation zum Besseren wenden kann. Verwandte Themen, die durch diesen Arbeitsbogen berührt werden, sind zum Beispiel:

- ✔ Wie kann ich mehr von dem tun, was funktioniert?
- ✔ Wie kann ich das, was nicht funktioniert, unterlassen?
- ✔ Was kann ich anstelle der Dinge, die nicht funktionieren, tun?
- ✔ Was kann mir alles helfen, gut voranzukommen?
- ✔ Wann bin ich in meinem Leben besonders gut vorangekommen?
- ✔ Was bedeuteten mir diese Situationen damals?
- ✔ Was bedeuten Sie mir heute?

Dieser Arbeitsbogen berücksichtigt explizit die „drei Hauptsätze der lösungsfokussierten Ressourcendynamik“:

1. Tue mehr von dem, was funktioniert!
2. Wenn etwas nicht funktioniert, tue stattdessen etwas anderes!
3. Plane und kontrolliere den Transfer der Lösungen in den Alltag!

Dieser Arbeitsbogen hat engen Bezug zum lösungsfokussierten Ansatz und zu folgenden anderen Arbeitsbögen:
Arbeitsbogen 1: Bewahrenswertes
Arbeitsbogen 12: Zufriedenheit, Teil 2
Arbeitsbogen 13: Zehnjahresplan
Arbeitsbogen 14: Lebensbereiche
Arbeitsbogen 20: Ziel-Spiel
Arbeitsbogen 21: Ziele-Matrix
Arbeitsbogen 23: Veränderungsplan
Arbeitsbogen 24: Schritt für Schritt vorankommen

<u>Notizen:</u>

Arbeitsbogen 25 Verbesserungen

1. Was hat sich inzwischen verbessert? Was ist besser geworden? Was läuft besser? *(Zum Beispiel: „Was ist besser geworden, seit Sie angefangen haben, sich mit dem Problem zu befassen?“, „Was läuft besser als vor Beginn der Beratung?“ oder „Was läuft besser seit unserem letzten Gespräch?“)*

2. Wie können Sie diese Verbesserungen nutzen?

3. Was kann Ihnen dabei helfen?

4. *Falls sich nichts verbessert hat:* Was können Sie anders machen? Wie können Sie anders vorgehen?

5. Inwiefern wäre dieses veränderte Vorgehen nützlich?

6. Was kann Ihnen dabei helfen?

7. Auswertungsbögen

Die Auswertungsbögen für Klienten und Gesprächsleiter befassen sich mit der qualitativen, ressourcenorientierten Auswertung von Gesprächen. Diese Gespräche können einzelne Arbeitsbögen dieses Buches, aber auch andere Inhalte zum Thema haben. Verwandte Themen, die durch die Auswertungsbögen berührt werden, sind zum Beispiel:

- ✔ Wie gut ist die Arbeitsbeziehung zwischen Klient und Gesprächsleiter?
- ✔ Was müsste passieren, damit sie besser wäre?
- ✔ Wie gut ist die Gesprächsatmosphäre?
- ✔ Was müsste passieren, damit sie besser wäre?
- ✔ Wie gut sind die (bisherigen) Ergebnisse der Zusammenarbeit?
- ✔ Was müsste passieren, damit sie besser wären?
- ✔ Was gibt es in den gemeinsamen Gesprächen (noch) zu klären?

Die Auswertungsbögen können von großem Nutzen sein, um regelmäßig zu überprüfen, ob die Gespräche noch auf dem richtigen Weg sind und sich die Zusammenarbeit in die gewünschte Richtung entwickelt. Sollte dies nicht der Fall sein, dann liegen zwei der Ursachen häufig darin, dass

1. die Änderungstheorie des Klienten (noch) zu wenig beachtet und berücksichtigt wurde und

2. wichtige Ressourcen des Klienten oder seines Umfeldes (noch) nicht ausreichend in die Arbeit einbezogen wurden.

Notizen:

Auswertungsbogen für Gesprächsleiter

Klient:

Gesprächsleiter:

Ort, Datum und Dauer des Gesprächs:

Erarbeitete Arbeitsbögen:

1. Welche Ressourcen, Stärken und Möglichkeiten haben Sie auf Seiten des Klienten und in dessen Umfeld entdeckt, die Ihnen vorher nicht bewusst waren?

2. Welche Ressourcen, Stärken und Möglichkeiten, Ihrem Klienten zu helfen oder ihn zu unterstützen, die Ihnen vorher nicht bewusst waren, haben Sie bei sich selbst entdeckt?

3. Welche Schwierigkeiten haben Sie auf Seiten des Klienten und in dessen Umfeld entdeckt, die Ihnen vorher nicht bewusst waren?

4. Welche Schwierigkeiten, Ihrem Klienten zu helfen oder ihn zu unterstützen, die Ihnen vorher nicht bewusst waren, haben Sie bei sich selbst entdeckt?

5. Wie können Sie diese neuen Erkenntnisse nutzen?

Auswertungsbogen für Klienten

Klient:

Gesprächsleiter:

Ort, Datum und Dauer des Gesprächs:

Erarbeitete Arbeitsbögen:

1. Welche Ressourcen, Stärken und Möglichkeiten, die Ihnen vorher nicht bewusst waren, haben Sie bei sich selbst und in Ihrem Umfeld entdeckt?

2. Welche Ressourcen, Stärken und Möglichkeiten, Ihnen zu helfen oder Sie zu unterstützen, haben Sie auf Seiten des Gesprächsleiters entdeckt, die Ihnen vorher nicht bewusst waren?

3. Welche Schwierigkeiten, die Ihnen vorher nicht bewusst waren, haben Sie bei sich selbst und in Ihrem Umfeld entdeckt?

4. Welche Schwierigkeiten, Ihnen zu helfen oder Sie zu unterstützen, haben Sie auf Seiten des Gesprächsleiters entdeckt, die Ihnen vorher nicht bewusst waren?

5. Wie können Sie diese neuen Erkenntnisse nutzen?

8. Verzeichnis der 25 Arbeitsbögen in alphabetischer Reihenfolge

9. Lösungen zu den Übungsaufgaben

Lösungen zu den Übungsaufgaben aus Kapitel 2.1
Lösungsfokussierte Kurztherapie und lösungsfokussierter Ansatz

1. **Nennen Sie die drei Hauptsätze der lösungsfokussierten Ressourcendynamik!**
   1) Tue mehr von dem, was funktioniert!
   2) Wenn etwas nicht funktioniert, tue stattdessen etwas anderes!
   3) Plane und kontrolliere den Transfer der Lösungen in den Alltag!

2. **Was ist im lösungsfokussierten Ansatz mit dem Begriff „Lösungen" gemeint?**
   Lösungen sind im lösungsfokussierten Ansatz Ausnahmen von Beschwerden, die der Klient hat. Dies können sowohl bereits real vorhandene Ausnahmen sein, als auch vorstellbare, also hypothetische Ausnahmen.

3. **An welches Zitat des Dichters Erich KÄSTNER erinnert der dritte Hauptsatz der lösungsfokussierten Ressourcendynamik?**
   „Es gibt nichts Gutes, außer: Man tut es."

4. **Zu welcher Art von Gespräch soll der Klient im lösungsfokussierten Ansatz ermuntert und ermutigt werden?**
   Der Klient wird dazu ermuntert und ermutigt, so viel wie möglich sehr detailliert über Ausnahmezeiten und deren genaue Umstände zu sprechen. Dies nennt sich Solution-Talk: Der Klient spricht über Ausnahmen von der Beschwerde. Dies soll ihm ermöglichen und ihn dabei unterstützen, diese Ausnahmen zu entdecken, zu erforschen und zu fördern. Das Motto dabei lautet: Je mehr der Klient über Ausnahmen von der Beschwerde spricht, desto mehr Ausnahmen wird er bekommen. Es geht also vor allem um eine starke Fokussierung der Aufmerksamkeit auf das erwünschte Erleben.

Lösungen zu den Übungsaufgaben aus Kapitel 2.2 Resilienz: Widerstandsfähigkeit

1. Was bezeichnet der Begriff „Resilienz“ im psychosozialen Bereich?

Im psychosozialen Bereich bezeichnet Resilienz die Fähigkeit, Lebenskrisen und Lebensrisiken ohne anhaltende Beeinträchtigungen durchzustehen und zu bewältigen. Dazu gehören zum Beispiel der Verlust von nahestehenden Menschen, lange Arbeitslosigkeit, schwere Krankheiten und die Folgen schwerer Unfälle, aber auch Risikofaktoren wie z.B. Armut, Drogenkonsum und Gewalt. Auch die erfolgreiche Überwindung von traumatischen Erlebnissen ist ein Zeichen von Resilienz. Resilienz lässt sich also mit Zähigkeit oder Widerstandsfähigkeit übersetzen.

2. Nennen Sie die im Text genannten Umwelt-Faktoren, die Resilienz fördern!

- ✔ mindestens eine stabile Bezugsperson, die Hilfe und Unterstützung bereitstellt und menschliche Wärme, Nähe und Fürsorge vermittelt
- ✔ hohe Erwartungen, Hoffnungen, Zuversicht und Zutrauen verbunden mit einem angemessenen Leistungsstandard
- ✔ Möglichkeiten zu einer bedeutungsvollen und sinnvollen Teilhabe am Leben der Gemeinschaft
- ✔ prosoziale Rollenmodelle, Normen und Werte
- ✔ klare, transparente, verstehbare und beständige Grenzen, Regeln und Strukturen
- ✔ Möglichkeiten zum Erwerb und zur Vermittlung von Alltagsfähigkeiten und Sozialkompetenz
- ✔ positive Beziehungen zu Freunden und Gleichgesinnten

3. Nennen Sie die im Text genannten personenbezogenen Resilienz-Faktoren!

- ✔ die Fähigkeit, realistische Pläne zu machen und Schritt für Schritt zu verwirklichen
- ✔ ein positives Selbstbild, Vertrauen in die eigenen Stärken und Fähigkeiten, sowie hohe Selbstwirksamkeitsüberzeugungen
- ✔ gute Fertigkeiten in den Bereichen Kommunikation, Problemlösung und Lernen
- ✔ die Fähigkeit, mit starken Gefühlen und Impulsen klar zu kommen, sowie Aktivität und Flexibilität bei der Bewältigung von Schwierigkeiten zu zeigen

4. Beschreiben Sie die einzelnen Schritte des Drei-Schritte-Prozesses, mit dem sich auf Resilienz bezogene Stärken und Ressourcen im Gespräch mit einem Klienten fördern lassen!

1) Beispiele für Situationen und Erlebnisse finden, in denen der Klient seine Resilienz in der Vergangenheit bereits gezeigt und genutzt hat und ihn ermuntern und ermutigen, darüber zu erzählen.
2) Dem Klienten unter anderem mittels der durch Schritt Nr. 1 gesammelten Beispiele vermitteln, dass er bereits Widerstandsfähigkeit besitzt und diese auch bereits nutzt.
3) Den Klienten dabei unterstützen, seine Resilienz-Fähigkeiten bewusst zur Bewältigung derzeitig anstehender Herausforderungen und Schwierigkeiten einzusetzen.

Lösungen zu den Übungsaufgaben aus Kapitel 2.3
Motivierende Gesprächsführung und das Modell der Phasen der Veränderung

1. Zeichnen und beschriften Sie eine Entscheidungswaage mit all ihren Komponenten!

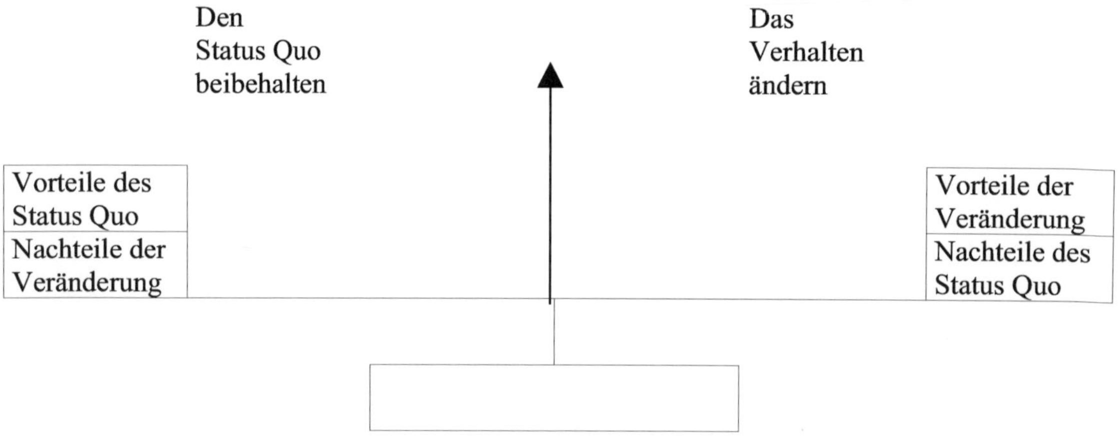

2. Nennen Sie die einzelnen Phasen des Modells der Phasen der Veränderung nach PROCHASKA und DiCLEMENTE!

1) Absichtslosigkeit (Precontemplation)
2) Absichtsbildung (Contemplation)
3) Vorbereitung (Preparation)
4) Handlung (Action)
5) Aufrechterhaltung (Maintenance)
6) Beendigung (Termination)

3. Wie lautet der Lieblingssatz sogenannter unfreiwilliger Klienten in bezug auf ihre problematischen Verhaltensweisen?

„Ich habe kein Problem!"

4. An welchen Merkmalen kann man erkennen, dass jemand die letzte Phase des Modells der Phasen der Veränderung nach PROCHASKA und DiCLEMENTE erreicht hat?

Dass jemand die Phase der Beendigung erreicht hat, ist vor allem daran zu erkennen, dass

- ✔ er ein neues Selbstbild aufgebaut und etabliert hat,
- ✔ es für ihn überhaupt keine Situationen mehr gibt, in denen ein Verlangen nach dem ursprünglichen Problemverhalten auftritt,
- ✔ ein hohes Selbstbewusstsein und eine solide Selbstsicherheit und Selbsteffizienz bezüglich der Aufrechterhaltung des veränderten Verhaltens bestehen, und
- ✔ er nicht nur sein Verhalten, sondern seinen ganzen Lebensstil verändert hat.

Lösungen zu den Übungsaufgaben aus Kapitel 2.4 Case Management

1. **Wann, von wem und wo wurde das Case Management entwickelt?**
   Das Case Management wurde Ende der 1970er Jahre von Sozialdiensten in den USA entwickelt.

2. **Welche Hilfearten verbindet das Case Management miteinander?**
   Das Case Management verbindet Einzelfallhilfe mit sozialer Netzwerkarbeit.

3. **Nennen Sie die einzelnen Phasen des Case-Management-Prozesses!**
   1) Kontaktaufnahme
   2) Assessment sowie Problem- und Ressourcenanalyse
   3) Zielvereinbarung sowie Hilfe- und Veränderungsplanung
   4) Durchführung inklusive Vermittlung, Organisation, Koordination und Verlaufsbeobachtung bzw. Monitoring
   5) Re-Assessment, Evaluation und gegebenenfalls Beendigung der Zusammenarbeit

4. **Welcher Art von Schemata entspricht der Case-Management-Prozess weitgehend?**
   Der Case-Management-Prozess entspricht weitgehend gängigen allgemeinen Problemlöseschemata.

10. Informationen zur beiliegenden CD-ROM

Die CD-ROM befindet sich im hinteren Buchdeckel. Sie enthält die Arbeitsbögen mit den jeweils dazugehörenden Einweisungen sowie die beiden Auswertungsbögen mit der dazugehörenden Einweisung. Die *Dateinamensanfänge* haben folgende Bedeutungen:

- ➔ *AB_01 bis AB_25*: Arbeitsbögen 1 bis 25
- ➔ *EinwAB_01 bis EinwAB_25*: Einweisungen zu den Arbeitsbögen 1 bis 25
- ➔ *AuswB_01*: Auswertungsbogen für Gesprächsleiter
- ➔ *AuswB_02*: Auswertungsbogen für Klienten
- ➔ *EinwAuswB*: Einweisung zu den Auswertungsbögen
- ➔ *Alles_in_einem*: Alle Einweisungen, Arbeits- und Auswertungsbögen in einer Datei in der gleichen Reihenfolge wie im Buch

Die Dateien liegen auf der CD-ROM im PDF-Format vor. Zum Öffnen und Ausdrucken benötigen Sie den Adobe-Reader, den Sie über die Internetseite www.adobe.com herunterladen können.

11. Literatur und sonstige Quellen

11.1 Bücher

Zum Thema „Erarbeiten", das in der Einleitung angeklungen ist:

JACOBY, Heinrich: *Erziehen – Unterrichten – Erarbeiten*: aus Kursen in Zürich 1954/55, Hamburg 1989.

JACOBY, Heinrich: *Jenseits von „Begabt" und „Unbegabt"*: zweckmäßige Fragestellung und zweckmäßiges Verhalten; Schlüssel für die Entfaltung des Menschen, 5. Auflage, Hamburg 1994.

Zum lösungsfokussierten Ansatz:

BAMBERGER, Günter G.: *Lösungsorientierte Beratung*, 2., vollständig überarbeitete und erweiterte Auflage, Weinheim 2001.

De JONG, Peter / BERG, Insoo Kim: *Lösungen (er-)finden* – Das Werkstattbuch der lösungsorientierten Kurztherapie, 5., verbesserte und erweiterte Auflage, Dortmund 2003.

De SHAZER, Steve: *Das Spiel mit Unterschieden* – Wie therapeutische Lösungen lösen, 3. Auflage, Heidelberg 1998.

De SHAZER, Steve: *„... Worte waren ursprünglich Zauber"* – Lösungsorientierte Therapie in Theorie und Praxis, 2. Auflage, Dortmund 1998.

De SHAZER, Steve: *Der Dreh* – Überraschende Wendungen und Lösungen in der Kurzzeittherapie, 6. Auflage, Heidelberg 1999.

De SHAZER, Steve: *Wege der erfolgreichen Kurztherapie*, 7. Auflage, Stuttgart 1999.

HARGENS, Jürgen: *Bitte nicht helfen!* – Es ist auch so schon schwer genug; (K)ein Selbsthilfebuch, 2. Auflage, Heidelberg 2000.

HARGENS, Jürgen / EBERLING, Wolfgang: *Einfach kurz und gut – Teil 2*, Dortmund 2000.

JACKSON, Paul Z. / McKERGOW, Mark: *The Solutions Focus* – The Simple Way to Positive Change, London 2002, (in englischer Sprache).

MILLER, Scott D. / BERG, Insoo Kim: *Die Wunder-Methode* – Ein völlig neuer Ansatz bei Alkoholproblemen, Dortmund 1997.

WALTER, John L. / PELLER, Jane E.: *Lösungs-orientierte Kurztherapie* – Ein Lehr- und Lernbuch, 4. Auflage, Dortmund 1999.

Zur Resilienz:

FURMAN, Ben: *Es ist nie zu spät, eine glückliche Kindheit zu haben*, 3. Auflage, Dortmund 2001.

LUSSEYRAN, Jacques: *Das wiedergefundene Licht* – Die Lebensgeschichte eines Blinden im französischen Widerstand, 12. Auflage, München 2002.

SIEBERT, Al: *The Survivor Personality* – Why Some People Are Stronger, Smarter, and More Skillful at Handling Life's Difficulties ... and How You Can Be, Too, überarbeitete und aktualisierte Auflage, New York 1996, (in englischer Sprache).

WUSTMANN, Corina: *Resilienz* – Widerstandsfähigkeit von Kindern in Tageseinrichtungen fördern, Weinheim und Basel 2004.

Zur Motivierenden Gesprächsführung und zum Modell der Phasen der Veränderung:

KELLER, Stefan (Hrsg.): *Motivation zur Verhaltensänderung* – Das Transtheoretische Modell in Forschung und Praxis, Freiburg im Breisgau 1999.

MILLER, William R. / ROLLNICK, Stephen: *Motivierende Gesprächsführung*, Freiburg im Breisgau 2004.

PROCHASKA, James O. / NORCROSS, John C. / DiCLEMENTE, Carlo C. : *Changing for Good* – A Revolutionary Six-Stage Program for Overcoming Bad Habits and Moving Your Life Positively Forward, Reprint, New York 2002, (in englischer Sprache).

PROCHASKA, James O. / NORCROSS, John C. : *Systems of Psychotherapy* – A Transtheoretical Analysis, 5. Auflage, Pacific Grove 2003, (in englischer Sprache).

ROLLNICK, Stephen / MASON, Pip / BUTLER, Chris: *Health Behavior Change* – A Guide for Practitioners, Edinburgh 1999, (in englischer Sprache).

WESSEL, Theo / WESTERMANN, Heinz: *Problematischer Alkoholkonsum* – Entstehungsdynamik und Ansätze für ein psychoedukatives Schulungsprogramm, Freiburg im Breisgau 2002.

Zum Case Management:

GALUSKE, Michael: *Methoden der Sozialen Arbeit* – Eine Einführung, 3., überarbeitete und erweiterte Auflage, Weinheim und München 2001. (Enthält ein 8 Seiten langes Kapitel zum Case Management.)

NEUFFER, Manfred: *Case Management* – Soziale Arbeit mit Einzelnen und Familien, 2., überarbeitete Auflage, Weinheim und München 2005.

Sonstiges zum ressourcenorientierten Arbeiten:

DOLAN, Yvonne M.: *A Path with a Heart* – Ericksonian Utilization with Resistant and Chronic Clients, New York 1985, (in englischer Sprache).

DUNCAN, Barry L. / HUBBLE, Mark A. / MILLER, Scott D.: *„Aussichtslose Fälle“* – Die wirksame Behandlung von Psychotherapie-Veteranen, Stuttgart 1998.

FURMAN, Ben / AHOLA, Tapani: *Die Zukunft ist das Land, das niemandem gehört ...* – Probleme lösen im Gespräch, 2. Auflage 2001.

GROSSMANN, Konrad Peter: *Der Fluss des Erzählens* – Narrative Formen der Therapie, Heidelberg 2000.

HUBBLE, Mark A. / DUNCAN, Barry L. / MILLER, Scott D. (Hrsg.): *So wirkt Psychotherapie* – Empirische Ergebnisse und praktische Folgerungen, Dortmund 2001.

LOTH, Wolfgang: *Auf den Spuren hilfreicher Veränderungen* – Das Entwickeln Klinischer Kontrakte, Dortmund 1998.

NORCROSS, John C. (Hrsg.): *Psychotherapy Relationships That Work* – Therapist Contributions and Responsiveness to Patients, Oxford 2002, (in englischer Sprache).

O'HANLON, Bill / BEADLE, Sandy: *Das wär' was!* – Ein Wegweiser ins Möglichkeiten-Land, 51 Methoden für eine kurze und respektvolle Therapie, Dortmund 1998.

POTRECK-ROSE, Friederike / JACOB, Gitta: *Selbstzuwendung, Selbstakzeptanz, Selbstvertrauen* – Psychotherapeutische Interventionen zum Aufbau von Selbstwertgefühl, Stuttgart 2003.

SCHEMMEL, Heike / SCHALLER, Johannes: *Ressourcen* – Ein Hand- und Lesebuch zur therapeutischen Arbeit, Tübingen 2003.

SCHMIDT, Gunther: *Liebesaffären zwischen Problem und Lösung* – Hypnosystemisches Arbeiten in schwierigen Kontexten, Heidelberg 2004.

Zum Blick über den Tellerrand des ressourcenorientierten Arbeitens:

CECCHIN, Gianfranco / LANE, Gerry / RAY, Wendel A.: *Respektlosigkeit* – Provokative Strategien für Therapeuten, 3. Auflage, Heidelberg 2002.

DEGEN, Rolf: *Lexikon der Psycho-Irrtümer* – Warum der Mensch sich nicht therapieren, erziehen und beeinflussen lässt, Frankfurt am Main 2000.

GOLDNER, Colin: *Die Psycho-Szene*, Erweiterte und völlig überarbeitete Neuauflage, Aschaffenburg 2000.

HECKHAUSEN, Heinz: *Motivation und Handeln*, 2., völlig überarbeitete und ergänzte Auflage, Berlin 2003.

KÄHLER, Harro: *Soziale Arbeit in Zwangskontexten* – Wie unerwünschte Hilfe erfolgreich sein kann, München 2005.

KOCH, Richard: *Das 80/20-Prinzip* – Mehr Erfolg mit weniger Aufwand, 2., aktualisierte Auflage, Frankfurt am Main 2004.

KUHL, Julius: *Motivation und Persönlichkeit* – Interaktionen psychischer Systeme, Göttingen 2001.

LIBET, Benjamin: *Mind Time* – Wie das Gehirn Bewusstsein produziert, Frankfurt am Main 2005.

MATURANA, Humberto R. / VARELA, Francisco J.: *Der Baum der Erkenntnis* – Die biologischen Wurzeln des menschlichen Erkennens, Bern und München 1987.

SCHEICH, Günter: *Positives Denken macht krank* – Vom Schwindel mit gefährlichen Erfolgsversprechen, Frankfurt am Main 2001.

STAVEMANN, Harlich H.: *Sokratische Gesprächsführung in Therapie und Beratung* – Eine Anleitung für Psychotherapeuten, Berater und Seelsorger, Weinheim 2002.

SZASZ, Thomas: *The Myth of Psychotherapy* – Mental Healing as Religion, Rhetoric and Repression, Garden City, N.Y. 1978, (in englischer Sprache).

WEINBERGER, Sabine: *Klientenzentrierte Gesprächsführung* – Eine Lern- und Praxisanleitung für helfende Berufe, 8. Auflage, Weinheim 1998.

11.2 Artikel aus dem Internet

AMERICAN PSYCHOLOGICAL ASSOCIATION (APA) in Zusammenarbeit mit DISCOVERY CHANNEL: *The Road to Resilience*, (Broschüre), zu finden im Internet unter www.apahelpcenter.org/dl/the_road_to_resilience.pdf

DUNCAN, Barry L. / MILLER, Scott D.: *„What Works" in Therapy?*, zu finden im Internet unter www.talkingcure.com/docs/What_Works.doc.

HENDERSON, Nan: *The Resiliency Quiz*, 2002, zu finden im Internet unter www.resiliency.com/htm/resiliencyquiz.htm

O'GORMAN, Patricia: *The Anatomy of Resilience: What Makes Some Clients Bounce Back Better Than Others?*, zu finden im Internet unter www.counselormagazine.com/display_article.asp?aid=feb04Resilience.htm.
In dem Internetartikel werden folgende zwei Quellen angegeben:
Artikel aus: O'GORMAN, Patricia: *Dancing Backwards in High Heels: How Women Master the Art of Resilience*, Center City, Minnesota 1994,
Artikel veröffentlicht in: *Counselor, The Magazine for Addiction Professionals*, February 2004, v.5, n.1, pp. 14-17.

11.3 Sonstiges

LANGOSCH, Andreas: *Das Neurolinguistische Programmieren (NLP) in der Drogenberatung mit Alkoholikern – Möglichkeiten, Grenzen und Risiken*, Diplomarbeit vorgelegt dem Prüfungsausschuss im Fachbereich Sozialwesen der Fachhochschule Kiel 1997.

12. Endnoten

Die Endnoten enthalten die vollständigen detaillierten Literatur- und Quellenangaben sowie ergänzende Kommentare und Hinweise des Autors.

Die Angaben zum Internet beziehen sich auf den Stand vom 01.05.2005.

[1]. Dieses Buch kann und soll dabei natürlich lediglich einen ersten kleinen Einstieg bieten. Das tiefer gehende Erfassen der dargestellten Methoden ist ein jahrelanger Prozess, der viel Praxis erfordert. Wie solche Praxis bezüglich innerer Bereitschaft zum Erarbeiten grundlegender methodischer Elemente aussehen kann, ist in bezug auf andere Inhalte ausführlich dargelegt in:

JACOBY, Heinrich: *Erziehen – Unterrichten – Erarbeiten*: aus Kursen in Zürich 1954/55, Hamburg 1989,

JACOBY, Heinrich: *Jenseits von „Begabt" und „Unbegabt"*: zweckmäßige Fragestellung und zweckmäßiges Verhalten; Schlüssel für die Entfaltung des Menschen, 5. Auflage, Hamburg 1994.

[2]. Zur Verwendung der Änderungstheorie des Klienten und weiterer wichtiger Klienten-Ressourcen vgl.

DUNCAN, Barry L. / HUBBLE, Mark A. / MILLER, Scott D.: *„Aussichtslose Fälle"* – Die wirksame Behandlung von Psychotherapie-Veteranen, Stuttgart 1998,

HUBBLE, Mark A. / DUNCAN, Barry L. / MILLER, Scott D. (Hrsg.): *So wirkt Psychotherapie* – Empirische Ergebnisse und praktische Folgerungen, Dortmund 2001,

DUNCAN, Barry L. / MILLER, Scott D.: *Die Veränderungstheorie des Klienten: Den Klienten im integrativen Prozess beratend um Rat fragen*, erschienen in: SCHEMMEL, Heike / SCHALLER, Johannes: *Ressourcen* – Ein Hand- und Lesebuch zur therapeutischen Arbeit, Tübingen 2003, S. 123 ff.,

DUNCAN, Barry L. / MILLER, Scott D.: *„What Works" in Therapy?*, zu finden im Internet unter www.talkingcure.com/docs/What_Works.doc.

Über die Internetseite www.talkingcure.com von DUNCAN und MILLER lassen sich zudem zahlreiche weitere sehr interessante Artikel zum selben Thema und zu verwandten Themen finden.

[3]. LANGOSCH, Andreas: *Das Neurolinguistische Programmieren (NLP) in der Drogenberatung mit Alkoholikern – Möglichkeiten, Grenzen und Risiken*, Diplomarbeit vorgelegt dem Prüfungsausschuss im Fachbereich Sozialwesen der Fachhochschule Kiel 1997.

[4]. LUSSEYRAN, Jacques: *Das wiedergefundene Licht* – Die Lebensgeschichte eines Blinden im französischen Widerstand, 12. Auflage, München 2002.

[5]. SIEBERT, Al: *The Survivor Personality* – Why Some People Are Stronger, Smarter, and More Skillful at Handling Life's Difficulties ... and How You Can Be, Too, überarbeitete und aktualisierte Auflage, New York 1996.

[6]. Vgl. LIBET, Benjamin: *Mind Time* – Wie das Gehirn Bewusstsein produziert, Frankfurt am Main 2005, S. 122 ff.

[7]. Zum Pareto-Prinzip, auch 80/20 – Prinzip genannt, das auf den italienischen Ingenieur, Soziologen und Ökonomen Vilfredo Pareto (1848 – 1923) zurückgeht, vgl.:

KOCH, Richard: *Das 80/20-Prinzip* – Mehr Erfolg mit weniger Aufwand, 2., aktualisierte Auflage, Frankfurt am Main 2004.

[8]. Siehe Endnote Nr. 2

[9]. Unter anderem mit dem Thema der Verantwortung von Gesprächsleitern in helfenden Gesprächen befasst sich:

CECCHIN, Gianfranco / LANE, Gerry / RAY, Wendel A.: *Respektlosigkeit* – Provokative Strategien für Therapeuten, 3. Auflage, Heidelberg 2002.

Durch zahlreiche kurze Fallgeschichten wird dort die Verantwortung von Therapeuten immer wieder deutlich gemacht. Um diese Verantwortung übernehmen zu können, sei nach Ansicht der

Autoren unter anderem auch eine Respektlosigkeit gegenüber den von einem selbst favorisierten Methoden und Theorien notwendig.

10. Die ERICKSONsche Hypnotherapie geht auf Milton H. ERICKSON zurück. Das zur ERICKSONschen Hypnotherapie gehörende Utilisationsprinzip ist ausführlich beschrieben in:
DOLAN, Yvonne M.: *A Path with a Heart* – Ericksonian Utilization with Resistant and Chronic Clients, New York 1985.

11. Steve De SHAZER dürfte wohl einer der bekanntesten Vertreter der lösungsfokussierten Kurztherapie sein. Folgende seiner Bücher befassen sich sehr ausführlich und systematisch sowohl mit den theoretischen Grundlagen, als auch mit der praktischen Anwendung dieses Ansatzes:
De SHAZER, Steve: *Das Spiel mit Unterschieden* – Wie therapeutische Lösungen lösen, 3. Auflage, Heidelberg 1998,
De SHAZER, Steve: *„... Worte waren ursprünglich Zauber“* – Lösungsorientierte Therapie in Theorie und Praxis, 2. Auflage, Dortmund 1998,
De SHAZER, Steve: *Der Dreh* – Überraschende Wendungen und Lösungen in der Kurzzeittherapie, 6. Auflage, Heidelberg 1999,
De SHAZER, Steve: *Wege der erfolgreichen Kurztherapie*, 7. Auflage, Stuttgart 1999.

12. Eine umfangreiche und gleichzeitig gut verständliche Darstellung der Lösungsfokussierten Kurztherapie bietet:
De JONG, Peter / BERG, Insoo Kim: *Lösungen (er-)finden* – Das Werkstattbuch der lösungsorientierten Kurztherapie, 5., verbesserte und erweiterte Auflage, Dortmund 2003.

13. Vgl. BAMBERGER, Günter G.: *Lösungsorientierte Beratung*, 2., vollständig überarbeitete und erweiterte Auflage, Weinheim 2001.
BAMBERGER setzt sich insbesondere auf den Seiten 15 ff. und 36 ff. seines Buches sehr kritisch und produktiv mit diesem Aspekt des lösungsfokussierten Ansatzes auseinander. Unter anderem mit dem Verhältnis von Problem und Lösung im ressourcenorientierten Arbeiten befasst sich auch:
SCHMIDT, Gunther: *Liebesaffären zwischen Problem und Lösung* – Hypnosystemisches Arbeiten in schwierigen Kontexten, Heidelberg 2004.

14. Diese Frage ist ein Teil der Anwendung der sogenannten Wunderfrage, die sehr ausführlich in folgendem Buch beschrieben wird:
MILLER, Scott D. / BERG, Insoo Kim: *Die Wunder-Methode* – Ein völlig neuer Ansatz bei Alkoholproblemen, Dortmund 1997.

15. So heißt dann auch ein ganzes Buch zu diesem Thema im englischen Original „Solution Talk“ und zwar folgendes:
FURMAN, Ben / AHOLA, Tapani: *Die Zukunft ist das Land, das niemandem gehört ...* – Probleme lösen im Gespräch, 2. Auflage 2001.

16. Eine sehr kritische Auseinandersetzung mit dem sogenannten Positiven Denken, das lösungsfokussierten Ansätzen auf den ersten Blick ähnlich sehen mag, aber bei genauerer Betrachtung kaum etwas mit ihnen gemein hat, ist zu finden bei:
SCHEICH, Günter: *Positives Denken macht krank* – Vom Schwindel mit gefährlichen Erfolgsversprechen, Frankfurt am Main 2001.
Weitere kritische Ausführungen zu Schattenseiten des „Psychomarktes“ bieten:
DEGEN, Rolf: *Lexikon der Psycho-Irrtümer* – Warum der Mensch sich nicht therapieren, erziehen und beeinflussen lässt, Frankfurt am Main 2000,
GOLDNER, Colin: *Die Psycho-Szene*, Erweiterte und völlig überarbeitete Neuauflage, Aschaffenburg 2000.

[17]. Zur Arbeit mit Skalen und Skalierungsfragen siehe auch:
De SHAZER, Steve: „... *Worte waren ursprünglich Zauber*" – Lösungsorientierte Therapie in Theorie und Praxis, 2. Auflage, Dortmund 1998, S. 113 ff.

[18]. Vgl. WALTER, John L. / PELLER, Jane E.: *Lösungs-orientierte Kurztherapie* – Ein Lehr- und Lernbuch, 4. Auflage, Dortmund 1999, S. 100 ff.

[19]. Zu den ersten drei genannten Prinzipien vgl.
HARGENS, Jürgen: *Bitte nicht helfen!* – Es ist auch so schon schwer genug; (K)ein Selbsthilfe-buch, 2. Auflage, Heidelberg 2000.
In diesem kleinen aber sehr feinen Büchlein sind diese Prinzipien und einiges Andere zum lösungs-fokussierten Ansatz sehr anschaulich, klar und einfach erläutert.

[20]. Vgl. JACKSON, Paul Z. / McKERGOW, Mark: *The Solutions Focus* – The Simple Way to Positive Change, London 2002, S. 12 f. und S. 104 ff.

[21]. Einen Einstieg ins Thema Resilienz bietet:
WUSTMANN, Corina: *Resilienz* – Widerstandsfähigkeit von Kindern in Tageseinrichtungen fördern, Weinheim und Basel 2004.
Es geht in diesem Buch vorrangig um eine genaue Darstellung des Themas Resilienz, die sich nicht ausschließlich auf die Förderung von Kindern in Tageseinrichtungen bezieht, sondern eher allge-mein gehalten und gut lesbar ist.

[22]. Vgl. HENDERSON, Nan: *The Resiliency Quiz*, 2002, zu finden im Internet unter www.resiliency.com/htm/resiliencyquiz.htm,
AMERICAN PSYCHOLOGICAL ASSOCIATION (APA) in Zusammenarbeit mit DISCOVERY CHANNEL: *The Road to Resilience*, (Broschüre), zu finden im Internet unter www.apahelpcenter.org/dl/the_road_to_resilience.pdf,
WUSTMANN, Corina: *Resilienz* – Widerstandsfähigkeit von Kindern in Tageseinrichtungen fördern, Weinheim und Basel 2004, S. 85 ff.
Die Internet-Seite www.resiliency.com enthält zahlreiche weitere und sehr anschauliche Informa-tionen zum Thema Resilienz.

[23]. Siehe Endnote Nr. 22 und vgl.
FURMAN, Ben: *Es ist nie zu spät, eine glückliche Kindheit zu haben*, 3. Auflage, Dortmund 2001.

[24]. Siehe Endnote Nr. 22

[25]. Siehe Endnote Nr. 22 und vgl.
O'GORMAN, Patricia: *The Anatomy of Resilience: What Makes Some Clients Bounce Back Better Than Others?*, zu finden im Internet unter
www.counselormagazine.com/display_article.asp?aid=feb04Resilience.htm.
In dem Internetartikel werden folgende zwei Quellen angegeben:
Artikel aus: O'GORMAN, Patricia: *Dancing Backwards in High Heels: How Women Mas-ter the Art of Resilience*, Center City, Minnesota 1994,
Artikel veröffentlicht in: *Counselor, The Magazine for Addiction Professionals*, February 2004, v.5, n.1, pp. 14-17.
Die Internetseite www.counselormagazine.com einer Zeitschrift für Mitarbeiter aus dem Suchthilfe-Bereich enthält viele interessante Artikel u.a. auch zum lösungsfokussierten Ansatz und zur Mo-tivierenden Gesprächsführung.

26. *Das* Standardwerk zum Thema Motivierende Gesprächsführung ist:
MILLER, William R. / ROLLNICK, Stephen: *Motivierende Gesprächsführung*, Freiburg im Breisgau 2004.

27. Vgl. MILLER, William R. / ROLLNICK, Stephen: *Motivierende Gesprächsführung*, Freiburg im Breisgau 2004, S. 34.
Eine sehr ausführliche und anschauliche Beschreibung der Entscheidungswaage ist zu finden in:
WESSEL, Theo / WESTERMANN, Heinz: *Problematischer Alkoholkonsum* – Entstehungsdynamik und Ansätze für ein psychoedukatives Schulungsprogramm, Freiburg im Breisgau 2002, S. 163 ff.

28. Der Zusammenhang zwischen Entscheidungswaage und Phasen der Veränderung ist sehr anschaulich erläutert in:
WESSEL, Theo / WESTERMANN, Heinz: *Problematischer Alkoholkonsum* – Entstehungsdynamik und Ansätze für ein psychoedukatives Schulungsprogramm, Freiburg im Breisgau 2002, S. 231 ff.
Zum Modell der Phasen der Veränderung, auch das Transtheoretische Modell genannt, vgl. auch:
KELLER, Stefan / VELICER, Wayne F. / PROCHASKA, James O.: *Das Transtheoretische Modell – Eine Übersicht*, erschienen in: KELLER, Stefan (Hrsg.): *Motivation zur Verhaltensänderung* – Das Transtheoretische Modell in Forschung und Praxis, Freiburg im Breisgau 1999, S. 17 ff.

29. Vgl. PROCHASKA, James O. / NORCROSS, John C. : *Stages of Change,* erschienen in: NORCROSS, John C. (Hrsg.): *Psychotherapy Relationships That Work* – Therapist Contributions and Responsiveness to Patients, Oxford 2002, S. 303.

30. Vgl. SZASZ, Thomas: *The Myth of Psychotherapy* – Mental Healing as Religion, Rhetoric and Repression, Garden City, N.Y. 1978, S. 37 f. und S. 204 ff.

31. Zur Helferrolle in den verschiedenen Phasen der Veränderung vgl.:
PROCHASKA, James O. / NORCROSS, John C. : *Systems of Psychotherapy* – A Transtheoretical Analysis, 5. Auflage, Pacific Grove 2003, S. 535 f.

32. Vgl. KÄHLER, Harro: *Soziale Arbeit in Zwangskontexten* – Wie unerwünschte Hilfe erfolgreich sein kann, München 2005, S. 101 ff.

33. Ein Standardwerk zur Klientenzentrierten Gesprächsführung ist:
WEINBERGER, Sabine: *Klientenzentrierte Gesprächsführung* – Eine Lern- und Praxisanleitung für helfende Berufe, 8. Auflage, Weinheim 1998.

34. Ein Standardwerk zur Sokratischen Gesprächsführung ist:
STAVEMANN, Harlich H.: *Sokratische Gesprächsführung in Therapie und Beratung* – Eine Anleitung für Psychotherapeuten, Berater und Seelsorger, Weinheim 2002.

35. Vgl. PROCHASKA, James O. / NORCROSS, John C. / DiCLEMENTE, Carlo C.: *Changing for Good* – A Revolutionary Six-Stage Program for Overcoming Bad Habits and Moving Your Life Positively Forward, Reprint, New York 2002, S. 276 ff.
Das Top-Selbsthilfebuch auf Basis des Transtheoretischen Modells!

36. Vgl. ROLLNICK, Stephen / MASON, Pip / BUTLER, Chris: *Health Behavior Change* – A Guide for Practitioners, Edinburgh 1999, S. 185 ff.

[37]. Zum Fördern der verschiedenen hier genannten „Talks" des Klienten siehe auch:
MILLER, William R. / ROLLNICK, Stephen: *Motivierende Gesprächsführung*, Freiburg im Breisgau 2004.

[38]. Vgl. MILLER, William R. / ROLLNICK, Stephen: *Motivierende Gesprächsführung*, Freiburg im Breisgau 2004, S. 240.

[39]. Vgl. die unter Endnote Nr. 2 genannten Quellen, sowie zum Begriff des Beisteuerns zur Veränderung:
LOTH, Wolfgang: *Auf den Spuren hilfreicher Veränderungen* – Das Entwickeln Klinischer Kontrakte, Dortmund 1998,
LOTH, Wolfgang: *Alles im Wunderland? – Notizen von Unterwegs*, erschienen in: HARGENS, Jürgen / EBERLING, Wolfgang (Hrsg.): *Einfach kurz und gut – Teil 2*, Dortmund 2000, S. 37 ff.,
LOTH, Wolfgang: *Ressourcen bewegen*, erschienen in: SCHEMMEL, Heike / SCHALLER, Johannes: *Ressourcen* – Ein Hand- und Lesebuch zur therapeutischen Arbeit, Tübingen 2003, S. 29 ff.
Die Begründung aus Sicht der Biologie, warum der Gesprächsleiter hier nur etwas beisteuern aber nicht den Veränderungsprozess oder gar den Klienten steuern kann, bietet:
MATURANA, Humberto R. / VARELA, Francisco J.: *Der Baum der Erkenntnis* – Die biologischen Wurzeln des menschlichen Erkennens, Bern und München 1987.

[40]. Vgl. GALUSKE, Michael: *Methoden der Sozialen Arbeit* – Eine Einführung, 3., überarbeitete und erweiterte Auflage, Weinheim und München 2001, S. 195 ff.

[41]. Vgl. NEUFFER, Manfred: *Case Management* – Soziale Arbeit mit Einzelnen und Familien, 2., überarbeitete Auflage, Weinheim und München 2005, S. 51 ff.,
GALUSKE, Michael: *Methoden der Sozialen Arbeit* – Eine Einführung, 3., überarbeitete und erweiterte Auflage, Weinheim und München 2001, S. 196.

[42]. Vgl. hierzu auch NEUFFERs Ausführungen zur „Systemischen Denkfigur" in:
NEUFFER, Manfred: *Case Management* – Soziale Arbeit mit Einzelnen und Familien, 2., überarbeitete Auflage, Weinheim und München 2005, S. 69 ff.

[43]. Die Vorstellungsübungen zur Einführung in die jeweiligen Kapitel 3 bis 6 dieses Buches sind angelehnt an Ideen der narrativen Therapie. Zur narrativen Therapie siehe auch:
GROSSMANN, Konrad Peter: *Der Fluss des Erzählens* – Narrative Formen der Therapie, Heidelberg 2000.

[44]. Vgl. LANGOSCH, Andreas: *Das Neurolinguistische Programmieren (NLP) in der Drogenberatung mit Alkoholikern – Möglichkeiten, Grenzen und Risiken*, Diplomarbeit vorgelegt dem Prüfungsausschuss im Fachbereich Sozialwesen der Fachhochschule Kiel 1997, S. 54, der sich in diesem Zusammenhang bezieht auf:
BANDLER, Richard / GRINDER, John: *Metasprache und Psychotherapie – Struktur der Magie 1*, Paderborn 1980.

[45]. Vgl. POTRECK-ROSE, Friederike / JACOB, Gitta: *Selbstzuwendung, Selbstakzeptanz, Selbstvertrauen* – Psychotherapeutische Interventionen zum Aufbau von Selbstwertgefühl, Stuttgart 2003, S. 215 ff.

[46]. Zur Bedeutsamkeit, sich beim Entwickeln von Zukunftsperspektiven immer wieder verschiedener Möglichkeiten bewusst zu sein, vgl. in diesem Zusammenhang:

O'HANLON, Bill / BEADLE, Sandy: *Das wär' was!* – Ein Wegweiser ins Möglichkeiten-Land, 51 Methoden für eine kurze und respektvolle Therapie, Dortmund 1998.

47. Bei dem hier vorgeschlagenen „Eiskunstlauf" handelt es sich um eine leichte Abwandlung der Zielkriterien der Lösungsfokussierten Kurztherapie, die ausführlich dargestellt sind in:

MILLER, Scott D. / BERG, Insoo Kim: *Die Wunder-Methode* – Ein völlig neuer Ansatz bei Alkoholproblemen, Dortmund 1997, S. 45 ff.,

WALTER, John L. / PELLER, Jane E.: *Lösungs-orientierte Kurztherapie* – Ein Lehr- und Lernbuch, 4. Auflage, Dortmund 1999, S. 72 ff.

48. Der Begriff Vizelösungen beschreibt den Umstand, dass es oft zweitbeste Lösungen gibt, die auch ganz in Ordnung sind. Er stammt aus:

HESSE, Joachim: *Möglichkeiten erleben, Ressourcen erkunden, Lösungswege entdecken*, erschienen in: HARGENS, Jürgen / EBERLING, Wolfgang (Hrsg.): *Einfach kurz und gut – Teil 2*, Dortmund 2000, S. 77 ff.

Joachim HESSE bezieht sich hier auf S. 89 des von HARGENS und EBERLING herausgegebenen Buches auf den Philosophen Odo MARQUARD, von dem der Begriff „Vizelösungen" stamme. Als Quelle gibt Joachim HESSE dabei an:

MARQUARD, Odo: Glück im Unglück, München 1995.

49. Siehe Endnote Nr. 46

50. Vgl. HECKHAUSEN, Heinz: *Motivation und Handeln*, 2., völlig überarbeitete und ergänzte Auflage, Berlin 2003, S. 197 f.

HECKHAUSEN bezieht sich hier auf Julius KUHL; zu KUHL siehe auch:

KUHL, Julius: *Motivation und Persönlichkeit* – Interaktionen psychischer Systeme, Göttingen 2001.